ケアの原点 Ⅱ

問われることに応える私たち

佐藤俊一 著

学文社

はじめに

縁あって再び『ケアの原点 Ⅱ―問われたことに応える私たち』を発刊することができた。

前作と同様に『社会医療ニュース』（社会医療研究所）に連載されたものであり、期間としては二〇〇八年八月から二〇一二年十二月までのものである。小論の数としては五十三本となるが、今回はその中から三十五本をセレクトした。その基準は、小生の他の著書との重複を避けたことと、できるだけ現時点の私に近いものとした。というのは、こうやって連載を書いたことで自分がわかっていないことがハッキリし、現在の教育研究につながっているからである。その点を明確にするために、連載以外の小論を二本最後に加えている。

基本的な精神は、社会医療ニュースに連載を始めたときと変わっていない。私が淑徳大学のさまざまな教育場面で学ばせてもらったこと、多くの対人援助職の人たちとの研修での発見をことばにすることで実践につながり、役立つことを志向してきた。

　そうした中で一貫しているのは、「自分を使えるか」というテーマである。私たちは、どんなに学び、経験を積んでも、新たな難問や課題に直面する。それに応えるには、持っている知識や経験を使うのではなく、〈今・ここで〉相手と向き合い自分を使えるかだ。実践とは本当に面白く、サボっていても勝手にできていると思い込むことができる。したがって、自分を使えていないことがすぐに起こる。誰しもできていないことを知ることは辛いことだが、やはり私たちが未完であることが実践の基本にあるのだろう。

　私も還暦を過ぎて、年齢とともにいろいろと整理をしなければならないと思いながらも、教育や研修をすると新しい発見が必ずある。また、書き下ろしの2本にも書いたが、継続して学んでいると、それまで対象とならずに見えなかったものが見えるようになるのはとても面白い。しかも、その見えないものは、実は見えているもののなかにあったのだ。趣味のジョギングと同じで、あまり無理をして走りすぎてはいけないだろうが、もう少し自分なりに問われたことに応えるという挑戦の日々を送ってみたい。

二〇一五年五月

佐藤　俊一

目次

I　自分を鍛える

① 持つ態度への問い

❖ 思い通りにならない日々

今年も八月初旬から恒例の実習訪問指導を行った。二十日ごろまでに一息つけるところまで実施したが、ちょうど私が訪問指導を行うために外に出かけている日々が、暑さの真只中となった。そして、不思議なことに一段落したら涼しくなっていた。これで溜まっている仕事に取り組むのにもいい環境になったと思っていたら、今度は、自宅で長年に渡って愛用してきたパソコンが突然壊れてしまった。

最初にパソコンのことを教えてくれた知人が、Macintoshを薦めてくれたので、それ以来二十年近くMacを使い、仕事をやってきた。気がついてみたら、それがあたりまえのことになっていた。他方で、旧いOSにこだわり、また周囲がほとんどWindowsになっているなかで、このPCに不具合が生じれば、今の環境ではできなくなることは、頭ではわかっていた。

それが突然やってきたのである。それ以降の数日間は、仕事をするのではなく、仕事をするための環境づくり、道具を用意するための日々となった。なかでもどうやってMacのデータをWindowsに移すかが最大の問題だった。それをわかっていながら、こだわってXPを購入してしまった。そのためデータの移動の以前に、ソフトが、つまりOffice2003が手に入らなくて大慌てとなった。とにかくバタバタしながらも、周囲の人に助けられて仕事ができるようになり、この原稿が初仕事となった。

❖生産に必要な道具の所有

今回の事件（私にとって）を通して、次のことを実感した。私たちの生活は、多くの道具を使用することで成り立っている。道具を機能的に使うことで、仕事は円滑に進めることができる。他方で、現代人は余分にモノを所有したがる。たくさん持っていることで安心を求めている。確かに、今回のように壊れたときに備えるために余分に持っていることも必要だという理屈は成り立つ。しかし、生活に必要なものをそのように余分に所有するという態度によって、大切にしているのは自分ではなく、モノであり、結果的に自分をモノ化してしまうことになる。

私にとって使い慣れた道具は、身体の一部となっており、使うことで大切にしてきた。道具を使って仕事をすること、すなわち自分を表わすことができていたのである。つまり、自分が道具化されるのではなく、一つの道具を大切に使うことで、使う人が主体的になり、生産的になることができる。ただし、今回のことのように、モノはいずれ壊れてしまう。悔しいことに大企業の論理で、常に製品は新しいバージョンに切り替えられ、修理をしたいと思っても簡単にできないのが現実である。

❖ 持つことへの態度

　モノを所有する態度を考えていけば、自分自身をどのように理解し、使うかという問いへとつながっていく。モノは、私の体験のように使うことで必ず減ったり、壊れる。それは避けられないことであり、よく使ったら必ず訪れる結果である。私たちが所有する態度で生きているならば、一番確実な方法は使わないで蓄えておくことだ。使わなければ減りも、壊れもしない。一方で、ＰＣが壊れたとき、私も確かに大慌てだった。しかし、ＰＣが壊れたのであって、私が壊れてしまったわけではない。それが、モノに対してだけでなく、自分自身への態度とつながる。

　自分を安全に保持しておきたいならば、何もしないで部屋のなかで一日中じっとしていることだ。それは、自分を使わないことであり、自分を表わさないようにすることである。しかし、そうした日々を送ることは、生きながらにして死んでいくことになる。私たちは、自分の中から出て行って、人にかかわることで自分らしくなることができる。

フロム（E.Fromm）は『生きるということ』（紀伊國屋書店）のなかで、「持つこととあること」のちがいを明確に区分している。持つことの受動性に対して、あることとしての人間の主体性、能動性が示されている。あることにおいて、人は生き生きとなることができる。そこでの基本的な視点は、持つことを否定するのではなく、どのように持つかという持つ態度への問いであり、そのことが「ある」ことに大きな意味をもたらす。それは、モノに対してだけでなく、自分自身のことでも共通している。フロムが指摘するように「あることは、私たちが実践によって成長する」ことを可能とする。

❖自分を使うことでの発見

学生は実習において、利用者、実習指導者などさまざまな人たちとかかわるなかで、感受性を基盤として自分を使い始める。たとえば、病院でソーシャルワーク実習を行ったある女子学生は、面接に同席させてもらい、たくさんの発見をしたことが訪問指導をするなかでわかった。

彼女は、面接に同席させてもらうときの位置について事前に学んでいたのだが、面接室のテーブルやスペースの関係で、クライアントとソーシャルワーカーの間に、しかも両者に近い距離に座ってしまった。そのため、どこに視線を向けたらいいのか困ってしまった。また、話を聴くことで、どのように受けとめているかを表情に表わすのは迷惑になると思い緊張して無表情でいた。すると、クライアントから「大丈夫ですか」と声をかけられたそうだ。その他にも、家族との合同面接を体験し、その中で誰を見ていればいいのか、さらには家族の関係を面接の中から理解することの必要性も学んだ。とにかく最初は、そこにいることで精一杯だったが、徐々に体験をことばにし、スーパービジョンを受け課題を明確にすることができた。

こうして学生は実践を通し学ぶことで成長し、「夏休みの収穫」を得ることができた。休みのない私には、それが夏の収穫だった。

② 無意識に戻す

❖ 人間の開発

身体に届く風や空気にやっと秋を感じるようになった。今年は、衣替えがついに一ヵ月ずれて十一月となってしまった。例年のことだが、半年間預けていた上着などをクリーニング屋さんから受け取り、身支度も整った。こうして今年も実りの秋を迎え、教育や研究を新たな気持ちで行えることは、とても嬉しいことである。

他方で大学の仕事の忙しさは、ますます加速化している。一年間にどれくらいイノベーションできるかが勝負となるのだが、この連載でも述べているように最高の革新は、「人間の開発」であり、それがどの組織でも一番難しいことであり、同時に最も求められていることである。

教育においても同様である。私たちの大学院社会福祉学専攻、特に前期課程においては、現場の実践家の人たちの実践力を向上させ、組織や社会に貢献できる専門職を養成するという教育目標を掲げ、その目標を実現するためのカリキュラムで本年四月からの授業を行っている。

そのために必要となるのが、自分とは無関係に知識を増やすのではなく、〝問いのなかに身をおく〟ことで自らが問われる学びを行うことである。自明としていることが問われることで、私たちは新たに自分を生み出すことができる。そうすることによって、体験を大切にする〝臨床から〟の学びができる。具体的には、各自が実践から問いを発することで、学問をしていくことである。

❖ 気づき

後期からは、私も新たにソーシャルワーク演習という科目を担当し、受講者とともに事例検討を行っている。最初に〝事例検討と研究のちがい〟などについて文献を使って考え、研究は一人でできるものだが、検討は他の参加者とともに学ぶことで新たな視点の発見ができる面白さがあることを確認した。次いで参加者に個々の実践事例を予め指定したフォーマットにまとめてもらい、それを発表し、検討することで演習を進めている。他に医療ソーシャルワーカーのグループスーパービジョンでも九月から事例を使った研修を実施し、大学の実習指導においても、やはり事例を使って検討を行う演習を行っている。

こうした事例を使った学習の魅力とは、先にも指摘したように自分一人では気づけなかった課題の発見があることだ。その学びのプロセスにおける気づき（awareness）とは、単に「知識として知っている、問題を意識している」こととは異なり、問いのなかに身をおくことで、予期しなかったことを発見したり、ことばにならなくて明確にできなかったことをハッキリさせる機会になるからである。また、実践からの発見を社会福祉や対人援助の基礎概念と結びつけて普遍化したり、研究のテーマとすることもできる。

❖ 反省過多

先日も、ある学生が実践している音楽療法の事例を発表したのだが、事例検討のなかで発表者（Aさん）にとって思わぬ気づきが生まれた。その事例とは、次のような内容だった。言語障害のある利用者が、Aさんのかかわりにより音楽に合わせて、すばらしい声で歌うことができたのだが、途中で入院して参加できなくなってしまった。きちんと終結できなかったことを含めて、発表のなかで「ずっと引っかかっていた事例」だと報告された。また、授業で学んだフランクル（V.Frankl）の言う〝一回性〟が大切にできなかったと考え、発表した事例でもあった。

この事例では利用者が途中で音楽に合わせて歌うことができたことで、Aさんはスーパーバイザーを初めとして、周りから賞賛されていた。そのため、毎回の実践をビデオにとり、振り返りを行うことで、次にはもっとよい音楽療法をしようと考えていた。したがって、取り組みとしては、きちんとできていたと思っていた。

ところが、振り返ってみると引っかかる事例となっていた。それが、なぜなのかわからなかったのだが、事例検討をするなかで思わぬことから、その理由が明らかになった。きっかけは、あるメンバーからの「こうした実践とは、一回ごとにきちんと振り返りを行い、反省点を活かしていくことですよ」という発言だった。言われてみたら、Ａさんは自信をもって振り返りを行っていたと気づいた。そして、同時にだから一回性を大切にできなかったということが明らかになったのだ。つまり、次にどうしたらいいかを考え、そう考えることで利用者を大切にするのではなく、セッションのなかで音楽療法をうまく行うことだけを考えていたことがわかったのである。

❖行動できること

理性的に意識することによって、かえって行動できなくなることが、この事例からもわかる。したがって、行動するためには反省以前のところで動けることが必要であり、そうした対応が、実践力として求められるのである。

このように検証してみると、フランクルの次のことばが説得力を持ってくる。

「精神療法家は無意識のものを―したがって精神的に無意識なものも―意識させるのであるが、それはもう一度無意識に戻してやるという前段階としてでなければならない」（『識られざる神』みすず書房）のである。

精神療法家に限らず、援助職は気づいたことを意識し過ぎることで、一回性を大切にできず、相手への責任も果たせなくなる。フランクルが言うように、気づいたことを、もう一度無意識に戻すことで、私たちは自由に行動できるのだ。実践力を身につけるとは、知っているかではなく、行動できるかだ。社会医療ニュース四〇〇号の記念として、このテーマをハッキリさせることができたことが嬉しい。

③　公平という名の幻想

❖ 疑問へのこだわり

気がついてみると、今年も残すところ少なくなった。一年の終わりがあることで、今年の振り返りを行い、新しい年のスタートを切りたい気持ちになった。

外側に見える何かをすることだけではなく、自分のなかの課題として少しでも気になっている疑問を解き明かしたい。そんなことを二、三日考えていたら、ずっと引っかかっていたテーマが改めて浮かんできた。直接には、最近行った看護職のリーダーシップ研修で提出された受講者のレポートの事例に示された課題に触発されて、取り組むことを決心した。

そのテーマとは、より良いケアを実践するために「相手の立場に立つ」という考えであり、続いて出されていた「自分だったらどうして欲しいか」という発想である。また、最近では「自分がされたくないことを人にしない」という声を、援助職から聞くことが増えている。そうした考えは、多くの人たちにとって非常に説得力のあるように思われているようだ。

実は、こうした発想に対して、私は、ずっと疑問を抱いてきた。それは裏を返せば、「相手の立場に立つことはできるのか」「自分がされて嫌なことをしないでケアはできるのか」という問いになる。しかし、自分自身が、この問いに明確に応えることにできないのがこれまでだった。そのため、一年の締めくくりとしてこの課題にチャレンジし、新年を迎えたいという気持ちになった。

❖相手の立場に立てない理由

取り上げているテーマは、教育の中で援助職が身につけてきた一般的な態度でもある。そのため、多くの援助職に浸透している発想であり、問いを持つこと自体に抵抗があるかもしれない。しかし、だからこそ問いかける必要があると私は感じている。金科玉条にされてきたことで、なぜ、そうすることが大事なのか、本当に検証されているか疑問なのだ。

まず、〝相手の立場に立つ〟ということに焦点を当ててみたい。なぜ、多くの人が常套句として、このことばを使うのだろうか。その背景には、相手の立場に立つことによって、他者が感じている辛さ、大変さを少しでもわかり、相手と同じ気持ちになって、ケアを提供したいという願望があるのだろうか。しかし、冷静になって考えてみれば、自分と相手とは異なるのだから、どう頑張ってみても相手と同じになるということは不可能だということがわかろう。つまり、〝私が〟相手の立場に立ちたいと考えているのであって、決して相手ではない。そのため、どこまで行っても、それは私の考えたことであって、相手の立場ではないということがわかろう。もし、相手の立場に立とうとすれば、相手になることであるが、それは不可能なことは明白だ。

ただし、その基本となる考えが〝相手をわかりたい〟ということであれば、それは大切なことである。当然だが、相手のことをわからずに適切なケアはできない。

では、そのためには、どうしたらいいのだろうか。そこで、もう一つの常套句である「自分がされて嫌なことを相手にしない」という発想を検討することで、その根底にある考えを明らかにしたい。

❖ 必要なことをするケア

保健医療・福祉の現場において行われるケアは、対象者への適切な援助のため、また安全な生活を守るために行われる。たとえば、リスクを伴う検査、痛みを伴う処置、トイレ介助をされるといったことは、できればされたくないことである。しかし、それらが実施されることで今の状態が改善され、安全を保つことができる場合には、やはり必要なことである。このように、援助職は基本的に「されたくないこと、嫌なことをすること」が仕事である。したがって、自分がされたくないことを相手にしないのではなく、反対に、必要なときにすることが求められていると言えよう。もちろん、個々の場合にどのようにするかという問題はあるが、まずは前提として「されて嫌なことをする」のが仕事だということを確認しておきたい。

この嫌なことをするとき、相手のことをわかろうとしているのか、それとも無関心な態度なのかでは、大きな差が生まれる。ケアに伴う相手の痛みや辛さをわかり軽減するだけではなく、必要なことだから、相手のことを大切にしたいからこそ行うのである。こうした実践をするのが専門職の役割であり、相手とのちがいをわかり、ちがいを大切にして行動することになる。ところが、援助職は「されたくないこと、嫌なことをするな」と考えることによって、相手と公平な関係を作りたがる。その結果、ちがいを明確にしない、よい関係で仕事を機能的に進めることは可能となるが、お互いに相手を尊重し、大切にしあう関係になることはできない。

❖公平の根底にあるもの

さて、私の引っかかっていたテーマが、ここでフロムの言う〝公平の倫理〟（『愛するということ』紀伊國屋書店）と合致する。公平の倫理とは、「汝の隣人を愛せ」

という聖書のことばを通俗化し、「人にしてもらいたくないことは人にするな」という考えである。その発想は、市場で手に入れたい物と自分の持ち物とを交換するときに公平を望むことと同じだ。だが、交換という発想からは、相手を市場の対象としてみなすだけであり、かけがえのない一人として相対することにはならない。

責任を持って相手と接し、相手を愛することは、公平の倫理とは全く異なる。ケアは、公平の基準の根底にある交換によってではなく、見返りを求めずに相手を、そして自分を大切にすることである。つまり、真のケアとは、私たちが公平という名の幻想を捨てることから生まれることになる。

④ 求める態度

❖ 続く、続く

淑徳大学総合福祉学部では、毎年三月十五日に卒業式を行っている。今年も予定通りに行われたが、来年もそうなるだろう。教員になって最初のころ、卒業式が終わると昨日まで一緒に学んでいた学生が、明日からキャンパスにいなくなるというのが信じられなかった。何度か、最初の卒業生のO君たちが前から走ってくるシーンを思い浮かべたことがある。長く教員を続けていて、そうした新鮮な思いがなくなったのかもしれない。

さて、ここ数年は卒業式から間を開けずに新四年生になるゼミ生の卒論や卒業演習レポート作成に向けた卒論合宿ゼミを行っている。卒業生とは、卒業という一つの区切りを迎えるが、三年生以下の教育は続いている。教育は止まることなく、常に続く。しかし、そのように明言できるのは、ただ同じことを繰り返すのではなく、責任ある教育を学生に対して毎年きちんと行うことによってである。

❖自分が主体となる学び

卒論合宿に向けて二月に相談日を数日設け、学生に都合のよい日に研究室を訪ねてもらう。その際に三年生での一年間の学びの確認と、卒論や卒業演習レポートのテーマとテーマを選んだ理由、今後の研究の取り組み方や参考文献などについて相談をする。この個人面接で個々の学生の基本的態度、学ぶ意欲などがわかり、その後の教育へつなげられるようになる。

二泊三日の合宿では、学生はテーマを選んだ理由（卒論のはじめにへ該当）を中心にＡ４の用紙二枚程度にまとめ、提出されたレポートを基に、一人五十分程度で発表とディスカッションを行う。合宿前は、学生から「そんな長い時間、発表がもちますか」という疑問が出されるのだが、始まってみると「あっという間に時間が過ぎた」というのが、多くのゼミ生の感想だった。そして、この合宿を契機として、学ぶ態度が本気になったり、ゼミの人間関係を真剣に考え始めたり、さらにゼミというグループと自分の関係をハッキリさせようとする学生が出てくる。

❖ 実行できない

卒論に取り組むなかで、自分にとっての学びが始まるのだが、それは楽なことではない。なぜなら、知ることで知識を増やしたり、整理するのではなく、今の自分が問われる学びになるからだ。そのため、数名の学生は、卒論のテーマを考えることで自分の課題が見えてきて悩み始める。たとえば、ある学生は次のように話していた。

一年間ゼミで学んだことで、「自分を大切にする、人の話を聴く、頭で考えるのではなく身体で感じること」が大切だと学んだし、わかったつもりでいた。しかし、卒論のテーマを考えていると、自分が「できていない」ことがハッキリし、あえて取り組む課題としたのだが、いざ実行しようとするとできない。そのため、どうしたらいいのかわからなくなっている。

この学生はゼミで人間関係を学ぶことで、自分の人にかかわる態度には問題があることを知った。その知り方とは、実際の人間関係のできごとのなかで気づいたのではなく、一人で自分の行動を振り返り、できていないと認識したのである。そして、自分が考えたことを実行できないと悩んでいる。

とにかく、このことを話せたことが第一歩である。自分ができていないことをゼミのメンバーに話せることは、今の自分を開いて相手にわかってもらいたいと関係のなかで動き出せたことになる。その動きに対応して、他のメンバーからもそのことをどのように受けとめたかが返ってくる。そうしていくなかで、自分一人だけでは見えない人にかかわる態度に気づく機会が生まれる。そして、相手とともに行動することで、頭で考えて認識するのではなく、関係のなかで発見することができるようになるのである。

❖ 反抗の実行

テキストに書いてあること、教員から言われたことを、そのまま取り入れるだけの学びは、結局は権威あるものに服従していることになる。また、そのことを自覚せずに行うことは、とても怖い。ただし、この学び方が魅力的なのは、「権威ある人たちが重要だ、価値がある」と言うことを学んでおり、それに従っていれば安心していられるからだ。また、もし学んだ内容に問題があっても、それは自分の責任ではなく、他人のせいにすることができる。

反対に、自分が主体となって学ぶことは、相手が誰であれ、またどんなときであっても、「納得できない、わからない」と言うことができるようになることだ。そのことにより、相手と自分に対して責任を持ち、その責任を明確にすることになる。だが、そうした一連の行動は、自分が服従しているものに対し疑問を投げかけ、「反抗」することになる。実行が難しくなる理由は、ここにある。

気づいたことを実行するには、反抗の意味をきちんと理解することだ。それは、単に反対するためではなく、新しいことを生みだすために必要な行動である。フロムは、反抗とは「何かに反する方向の態度ではなく、何かを求める方向の態度である」（『反抗と自由』紀伊國屋書店）と指摘する。この求める態度とは、私たちにとって一番確実なこと、つまり自分が見て、聴き、感じてわかったことを明確にし、それを相手に伝えるということをすることである。

この求める態度を実行できるかが、問われている。しかも、それは一人の学生の課題としてだけには止まらない。なぜなら、求めるのは自分にだけではなく、一緒に学ぶ仲間に対してでもあるからだ。そのことをできているかを確認することが、大切な教育となる。

⑤ 育っている

❖ 原点の地へ

ゴールデンウィークの後半に二泊三日で鹿児島へ行った。到着してすぐの電話で「お帰りなさい」のことばを聴いたとき、「ああ、鹿児島へ戻ってきた」と感じた。このことばをくれたのは、ある介護老人保健施設でソーシャルワーカーとして働く卒業生のMさんだ。

彼女は私が今から十五年以上前に鹿児島経済大学（現：鹿児島国際大学）へ赴任したときは、すでに卒業していた。そのため、学生の時にはかかわりがないが、私が担当した鹿児島県医療社会事業協会主催のグループスーパービジョンに参加してくれたことで知り合いになった。Mさんとの関係では、多少なりとも大切なことを私は彼女に伝えられただろうが、それ以上に彼女には学生の実習や就職相談等に協力してもらった。今回、保健医療・福祉現場で働く多くの卒業生が、Mさんにお世話になっていたと改めて気づいた。

これまで私は鹿児島を武者修行の地、私が五年間学んだところだと思っていたが、それだけでなく学生や現場の人たちに、〝面白い学びのキッカケを創っていた〟ことがわかった。今回の小旅行によって、私は人を育てることを鹿児島で本格的に始め、卒業生たちは学んだことを継承し、確実な成果が出ていることを彼らに会うことで教えてもらうことになった。したがって、教育の原点の地であるということを再発見できた。

❖学ぶことで生まれるもの

さて、こんな体験ができたのはゴールデンウィークのおかげだ。今年は五月に入ってから大学は九連休となった。しかし、夏にも、春にもこんな休みを取れたことが久しくないので、最初は「どうやって過ごそうか」といろいろ考えてしまった。

のんびり過ごすのもいいが、行けるときに行こうと急遽、鹿児島へ向かった。卒業生からは、「突然に来られると予定が立てられない」と不満も出たが、会える人に会えればいいと決断した。

最初の夜は、ゼミの初代卒業生と食事をした。楽しいことや悩みを聴くなかで、とても嬉しい話を聴くことができた。それは、彼女たちがゼミの学びを振り返り「あんなに一生懸命学んだことはなかったし、周りにもいない」と自負していることと、「同時にそれがすごく自分にとって支えになっている」と話してくれたことだ。そのことを話してくれたFさんは、ゼミの学びの体験が新たなスタートになっているのだろう。というのは、気持ちはやさしいが、少しひ弱な感じがしたFさんが、相手のことをどのように受けとめているかをきちんと伝えられるようになっているからだ。そうした態度を実際に見ると、Fさんは成長したと感じた。

❖体験をハッキリさせる学び

続いて、次の日の朝が楽しみだった。卒業生のT君が、母校の鹿児島国際大学で社会福祉学科一年生を対象に、「ソーシャルワーカーは語る」という講義をするのでそれを聴く予定にしていたからだ。私は彼の講義を聴くために早起きをし、他の学生と同じように坂之上駅から学バスに乗った。

実は、T君も直接に私がゼミで担当した学生ではない。サークルの先輩からの紹介で、いろいろと私を手伝ってくれた学生で、私と一緒に調査にでかけたりしていくうちに、ソーシャルワーカーの仕事に興味をもち、医療ソーシャルワーカーとして就職した。二年後に精神科病院に移り、精神科ソーシャルワーカーとして最近まで働いてきた。彼は自分がソーシャルワーカーとして実践するなかで学んできたことを幾つかのエピソードから話してくれた。

その一つが、精神科病院へ勤務してすぐに体験したことだ。T君の担当する病棟に、三十年近く入院している女性の患者がいた。彼は、初対面の彼女に対して「ずいぶんと長いこと入院されていたのですから、今後は退院して地域で生活をしていきましょう。そのために私がお手伝いしますよ」と話しかけた。ところが、それを聴いて患者は驚いて固まってしまった。「まずいな」と思いながらも、翌日も病棟に行き声をかけたところ、「私のそばにこないで」と大声で叫ばれた。T君は相手のことを理解しないで、一方的に自分の考えを押しつけたことを後悔した。しかし、それで諦めるのではなく、辛い時期もあったが、その後も相手のことをわかろうとしながらかかわり続けた。その結果、半年後に彼女は退院できた。地域で自由に暮らせるようになり、T君に「あなたに会えなかったら今の私はない」と感謝してくれたのである。

❖生まれ、育っている

この他に、利用者の自殺のこと、アパートを借りるための保証人になることなど、現在のホームレス支援の仕事を含めての講義だった。そうした話は、T君が

〝失敗から学んだこと〟、また〝失敗から学ぶことの大切さ〟を、これからソーシャルワークを学ぶ学生に伝えることになった。併せて、その体験から、ソーシャルワーカーが専門的に働きかけるのではなく、まず相手を理解することが大切であり、その実践のために必要な〝聴く態度〟を身につけてきた。このように彼は苦悩しながら仕事を行ってきたが、確実にソーシャルワーカーとして育っていると感じた。

授業が終わると、指宿の砂むし温泉で身体を軽くし、夜には冒頭のMさんたちと、おいしい黒糖焼酎を飲みながらソーシャルワークの実践を深夜まで語り合った。集まったメンバーは、高齢者総合福祉施設の部長、精神科クリニック、回復期リハ病院のソーシャルワーカー、地域包括支援センターの所長などさまざまだった。私との出会いも、それぞれ異なるが、鹿児島でソーシャルワークが根付いて、動いていると感じることができた。この生まれ、育つためのキッカケをかつて提供できたことが、嬉しかったし、誇りにしたい。

⑥　身体が表わすもの

❖ グループ研修の魅力

じめじめした梅雨の天候が続くなかで、七月を間近にして疲労がピークに達しようとしている。今年度は大学での新しい役職に加えて、時間がないのはわかっていながら、できるだけ効率的に行うという方針で、千葉市や県内でのグループを使った人間関係トレーニングを幾つか新たに始めてしまった。無理をしないで、のんびりした時間を少しでも作れればと思いながらも引き受けてしまうのは、研修の学びの魅力を知っているからだ。ただし、どの研修でも「やってよかった」「続けて意味があった」と感じられるのは、楽ではない時間をメンバーやグループとともに過ごすことから生まれてくる。当然のことだが、研修のトレーナーとしてかかわる私だけでなく、参加しているメンバー同士が、悩みながらともにいることができるようになっていくなかで生まれることである。

❖新たな試み

継続して月一～二回のペースで行っていくため、メンバーが参加しやすいように私が職場を夕方に訪れて研修を行っている。これは従来からとってきたやり方だが、移動を考えると、やはり近場だと楽だ。研修の方法として、グループでの学びの共通の基礎を確認するのに私の著書を読み、レポートを書いてもらい、ディスカッションをするということを最初に三回ぐらい行う。この作業が、後に実施する研修のメインプログラムを有効にするのに大きな役割を果たす。研修の目的がリーダーシップ開発、対人援助力養成、スーパービジョンと異なっていても、グループで実践的に学ぶために、共通の〝基礎の問い〟を発することが可能になり、本格的な学びを始める土台作りになる。

その後にグループの話し合いによる学びに移行するのがこれまでのやり方だっ

た。今年から新たにグループでの話し合いに入る前に、三十分ぐらい「本日のテーマ」に対する導入の講義をするようにしている。焦点を絞って、テーマを提示することで各自が自分の問題として受けとめ、参加してもらいたいという理由からだ。そのテーマとは、「自分を表わす」「聴く態度」「私たちになる」などであり、共通の基礎の問いから出てくる援助職に求められる人にかかわる態度を点検するためのものである。

私自身もまだ毎回悩みながら実施しているのが現状だが、意外と効果的な方法だとわかってきた。それは先の研修の焦点をハッキリさせるだけでなく、講義をするなかで「個々のメンバーが、今日どのように研修に臨もうとしているか」が見えたり、「テーマが個々の参加者の課題と結びついているか」を確認できるからである。それらのことが、その日の研修だけでなく、その後の研修へともつながっていくこともわかった。

❖ 質問に答える

どの研修でも共通しているが、メンバーは与えられたチャンスや時間を有効に使おうと考え、真面目に学ぼうとしている。そのためか最初の段階での話し合いは、誰かが自分の悩みを話す、あるいは相談すると、それに一生懸命他のメンバーは答えようとすることが続く。多くの参加メンバーは、質問されたことにきちんと答えられるかを心配し、まるで答えを返すことで相手と会話が成立すると思っているかのように見える。そして、納得のいく答えをもらい、アドバイスを受けると、話し合いに一区切りがつけられる。

その後に少し沈黙（実際にはただバラバラに黙っている状態）があると、「誰か話して欲しい」というメッセージが、態度やことばで表わされる。押し出されるように誰かが話題を提供することで、先のようなやり取りが再開されていく。そのプロセスのなかでは、不思議なことに「なぜ、質問に答えなければならないのか」という疑問を抱く人がなかなか出てこない。また、答えられない場合に感じる「苦しさや辛さ」を表明する人もいない。心配していることは、的外れの答えになっていないかであり、お互いの気持ちとは無関係に、ことばが会話の手段として、つまりモノとして使われているだけとなっている。

この研修において凝縮され出ているコミュニケーションの態度は、普段の行っていることの表われであろう。したがって、ここで自分たちのとっている態度に気づき、その課題を明らかにすることが、日常の人間関係の課題につながっていくことになる。

❖ その人自身が身体に表われている

こうしたやりとりを続けていることに疑問を感じる人が出てくると、グループは動き出す。それは、ほとんどの場合に話し合いの内容からではなく、相手を見ていて身体が発している態度から感じとられる。というのは、「答え」として相手に返している内容からではなく、話すときの身体の姿勢や声のトーンからわかるからだ。

たとえば、グループでそれまで発言のなかった管理職のAさんが、仕事をするうえで「まず組織ありきという発想から、組織を守るために協力して欲しい」ということを話した。それを聴いたCさんは、言われた内容にも驚いたが、そのときの相手の言いにくそうな身体から発散されている表情がとても気になった。そのため、なぜそのように話したのかを確認し、同時にそのように考える相手の気持ちをわかろうとした。当然のことだが、相手の気持ちを受けとめようとしているCさんも、目の表情から身体全体の表わしているものが変わった。正確には、動き出した。

このように非言語的コミュニケーションと呼ばれるものは、単に言語的なそれを補足するのではなく、言語化されないその人自身のことを身体が表わし、行動を生み出していく。それをできることが、実践力を高めるのである。

⑦ 確信

❖ 予め答えのない学び

七月も末を迎え、間もなく前学期の授業は終了する。実は昨年までだとすでに終わっていたのだが、今年から厳密に十五回の授業を行うことになり、未だに終わっていないのだ。しかし、そんな愚痴を言って過ごすよりも、生産的に考えたい。単に回数の問題だけでなく、改めて抜本的に自分の授業を見直す中で、「教育目標は達成できているのか」「そのための課題として見えてきたことは何か」などを明らかにする必要がある。それが学士課程教育の充実に向けて、個々の教員に問われている教育の中身の問題だと言えよう。

そんなことを考えながら学生のレポートを読んでいて気づいたことがある。学生にとってみれば答えが「白か黒」と明確にできれば都合がいいのだが、私の担当する「人間関係学」の科目やテーマは、そうできない。そのためレポートとして学びをまとめ、振り返るなかで不安になるようだ。ただし、学生がその不安を自覚しているかは、別の問題である。

そうした傾向は、総合福祉学部の学生にもあるが、看護学部の学生により顕著に見られる。なぜなら、たとえば人体についての学びでは、「ある臓器の名称、その果たす機能」などについては明確な答えがすでにある。そのすでにあるものを正確に答えることで評価され、また学生も答えられることで学んだという実感をもつことができる。つまり、〝正しいか誤りか〟がハッキリしており、誤りを排除し、捨てることが簡単にできるからだ。だが、自分がどのようにかかわるかが最も問われ、重視する人間関係学の課題においては、簡単には行かないようである。

❖ 自分が困らない答え

予め答えのない問いに答えることの難しさは、学生だけでなく現場での研修でも共通している。それは無意識のうちに安全を求めて、当たり障りのない考え方をし、また実際にそのように行動していることの表われでもあろう。

人間関係学のレポートでは「よい人間関係とお互いを大切にする関係とのちがいをどのように理解したか」をテーマに作成し、提出してもらった。授業の学びを基にして、普段あたり前にしていて立ち止まって考えることのない自分の人間関係を、あえて問いかけることを行う。そうすることで、個々の学生は自分の人間関係に対する基本的な考えやスタンスを正面から見ざるを得なくなる。そのなかで、注目すべき傾向として次のような答えが返ってきた。

授業で学んだことから、よい人間関係においては目的のための手段として人間関係を考え、相手をモノ化していることが理解できた。つまり、自分を守り、結果的に自分だけを大切にしていることになる。それに対して、お互いを大切にする関係においてでは、個々が自分の感じていることを伝え、本気で相手にかかわっていくことにより、相手はかけがえのない一人ひとりになっていく。

自分の人間関係を振り返ると、よい人間関係にどっぷりと浸かっていて、お互いを大切にできていないということがわかった。そのためお互いを大切にする関係を創ることが私の課題である。だが、そうした関係がいつでもできるわけではないし、職場で仕事を進めていく上では、よい人間関係を保っていれば楽に進めることができると思う。したがって、現実には両方の関係が必要なのではないかと考える。よい人間関係が問題だとし、すべてなくしてしまう必要はなく、両方が大事だ。

似たような内容のレポートがそれなりの人数あった。確かに、「白か黒か」という具合に予め答えのないのが、人間関係である。したがって、これも一つの受けとめ方だとして理解することも可能である。しかし、私には、やはりここには看過できない大切な問題があると感じた。

❖ 確信できる

このレポートにもあるように、「お互いを大切にできる関係」になれるかどうかは、やってみなければわからない。そのために安全を考え、不確実なことを避ける「よい人間関係」という発想が出てくる。この両者の考えを必要だとしておけば、自分が困らないで済むだろう。また、事前に結果を考えていることの表われでもある。

お互いを大切にする関係の大切さを学んでも、臓器の学習のように誤りを簡単に捨てることができない。なぜなら、予め正解がないからだ。また、どの発想をとるかは、真面目に考えると試験の答えとしてだけでなく、個々の学生の生き方にかかわることになる。だからこそ大切なことが潜んでいる。データを寄せ集めて、いわゆる科学的に予見する学びではなく、問われていることは、自分で確信できるかなのだが、それはフロムによれば「真に可能性があるという確信」(『希望の革命』紀伊國屋書店)をすることになる。

❖ 自分を大切にする

フロムが言うように、確信することで、自分の学問や実践の基本的な態度を明確にすることができる。レポートの課題として取りあげた〝よい人間関係〟の魅力は確かに強力である。私たちは、楽な関係に浸かってしまうと、お互いを大切にする関係に変えることは容易にできなくなる。そして、学生が考えたように、自分の身の安全を考えれば、あえて自分の態度をハッキリさせないでいることもできよう。ただし、怖いのは、そうするなかで気がついてみると、相手を、そして自分を大切にできなくなっていることだ。当然だが、自分自身が生き生きと感じられなくなってしまう。

前期の最後の授業は、このレポートからの振り返りをきちんと伝えることで無事に終了できた。

⑧ もっとも多く生きる人

❖ 仕事は続く

世の中は夏休み。毎年のことだが、私にとってもっとも動き続ける一ヵ月だ。なかでも社会福祉士養成教育のため、また医療ソーシャルワーカーを希望する人たちのための実習訪問指導が一番の仕事になる。それ以外に、今年は大学院生が増えたため、研究指導の合宿を行った。また、四年生の卒業演習及び論文の中間発表のための合宿ゼミを、これから二泊三日で実施する。その隙間をぬって、大学の授業がないときにしかできない研修を行う。こんな具合に動き続けていると、あっという間に八月も末となってしまった。

以前にある先輩から「犬も歩けば棒に当たるかのように、君はいろいろな人と出会うなかで、学んでいるね」と言われたことがある。確かに研修だけでなく、さまざまな体験を通して学ばせてもらっているという実感がある。特に研修では、受講者に応えようと真剣にやっていくと、結果として新しい発見がある。そのことが、私が動き続けられる理由だろう。この夏の発見を紹介したい。

❖ 聴いてもらった

ある認定看護管理者の研修のときのことだ。その日の研修は、四十名の参加者を六～七名の六グループに分け、バズグループ形式で行っていた。この方法は、講師が順にグループを移動しながら、かかわっていくというやり方である。ちょうど私が、あるグループに回っていたとき、次のようなやりとりがなされた。

メンバーのSさんが、主任としての悩みを話し始めた。それに対して、Aさんが「それで……、ナニナニだったのね」という具合に話を聴いていた。その少し後に、今度は別のBさんが少し長めだったが、Sさんに的確な答えをアドバイスしてくれた。Bさんの話を聴いてSさんも納得したようだった。

そのとき、私は「AさんとBさんとの対応では、どちらが話しやすかったですか、あるいは、聴いてもらえたと感じましたか」とSさんに確認をした。一瞬戸惑われたが、「答えをもらったということでBさんのことが印象に残っていたのですが、そう問われると、Aさんの方だとハッキリしました」とSさんは応じてくれた。

　このSさんの発見からもわかるように、コミュニケーションはお互いにやりとりをしながら成立していくが、管理の仕事をしていくと答えることが求められ、一方的に話す態度を身につけてしまう。また、いろいろなことを知っていることが問題なのではないが、要はどう使うかだ。対話においては、知っていることを一方的に教えるのではなく、相手のことを受けとめて話す、つまり応答できるかがポイントになる。そのことから、悩んでいる人は、聴いてもらえたと実感できるのである。

❖ スムーズに流れない時間

　さて、この発見があったとき、話し合いの時間がスムーズに流れず、ゴツゴツした時間を共有し、緊張が生まれた。そして、すでにおわかりのようにSさんだけではなく、AさんとBさんも自分の態度が問われることになった。特に、相手を納得させる話し方ができたと感じていたBさんにとっては、思わぬ展開だった。つまり、相手からの反応で自分の話し方に気づくのだが、日常的に問題のない反応、あるいは問題のない反応を自ら作り出すことで気づけなくなっていることがわかったのである。そのことは簡単に受け入れられることではなかったが、課題としてその後に取りあげることができた。

　コミュニケーションという相互性の動きのなかで、一人の発見がかかわる相手にも発見をもたらす。もちろん、この三人だけでなく、私を含めて他のメンバーも気づいたときだった。先に指摘したように、そのとき緊張やスムーズに流れない時間を体験する。大切なことは、この緊張した時間のなかで、私たちは真剣に相手にかかわり、それぞれの課題を発見し、生き生きとなることができるということだ。このような発見をした後に、五月に続いて鹿児島に向かった。出発するときにずっと読みたかった、三十五年以上前に読んだ神谷美恵子『生きがいについて』（みすず書房）を私は手にした。

読み出したら、すぐに嬉しい発見があった。私が先の研修で感じたように、生の充実感とは「生きている時間に内容がつまっているだけでなく、時間の流れに対する適度の抵抗感が必要である」という記述があった。ところが、多くの人たちは、時間がなめらかに流れないと関係がぎこちなくなるため、流れをスムーズにすることをしてしまうのである。

❖生をもっとも多く感じる人

鹿児島でも、先の研修と同じような方法で精神保健福祉士の人たちの研修を行う機会があった。順にグループを回ってあるグループに入っていくと、ソーシャルワーカーのSさんが、私の講義を聴いて、「これまで無意識のうちに専門職のあり方も含めて社会の常識で判断しており、自分の感性を大切にしていないということに気づいた」と発言をした。その発言に対して、すぐに一人のメンバーから反応が返されたが、それはSさんの気持ちに応答するものではなかった。Sさんも含めて、他のメンバーも身体の動きから同様に感じていたようだったが、あえてそのことを取りあげる人はいなかった。そのため、私が確認をすると、ぎこちない瞬間が生まれたが、Sさんは「伝わっていない」と今の気持ちを表わしてくれた。

お互いを大切にしようとする気持ちになれば、このようにぎこちない時間を共有することで、むしろ私たちの生は充実してくる。神谷は、ルソーの『エミール』から「もっとも多く生きた人とは、もっとも長生きをした人ではなく、生をもっとも多く感じた人である」と教えてくれている。

⑨ 相手と向き合う

❖ 楽しみなこと

実りの秋、いや多忙な秋を迎え、仕事に追われながらも何とか元気にやっている。この一ヵ月を振り返ると、いろいろな場で、さまざまな人と出会ったことがわかる。大学の授業（講義・専門演習・実習指導）から始まり、ソーシャルワーカーや看護職、介護福祉職の研修、いのちの電話の相談員研修あるいはホームカミングデイなど、実にいろいろな機会があった。

こうやって原稿を書きながら改めて振り返ると、出会うというと初対面の人との出会いを思い描きがちだが、印象に残っているのは何度も会っている人と新たな出会いができたという感覚が強くある。それは、相手の成長や動きがわかったからであり、とても嬉しいし、楽しみなことでもある。

久々に会う卒業生だけでなく、四月から一緒に学んでいる三年ゼミ生も、秋に合宿ゼミを行うと学生の夏休み前の学ぶ態度と現在とのちがいを感じることがたくさんあった。それは、夏休み前までのゼミでの学びで明らかになった課題、もしくは明らかにできなかったことが、社会福祉現場実習、あるいは保育実習などを通して結びつき、問われることで起こっていた。また、夏休み前に私と相談し、休み中に個々の学生が関心のあるテーマについて深めるための本を読み、学んだことをレポートにすることで自分の課題を明確にしたことによる変容でもある。さらに、それらはゼミのなかでお互いの課題として共有化する作業を通して確実なものにできる。

❖一人ではできないことができる

先日の秋の合宿ゼミでは、次のような発見があった。学生たちは、自分の体験を大切にする学びができるようになると、自分の人にかかわる態度の課題に気づくようになる。課題として〝できていない〟と気づくことは、誰しも気持ちのいいものではない。しかし、できていないことがわかることで、私たちは真剣になるし、わからないと取り組みは始まらない。

たとえば、「相手の話を聴けていない」「自分を表わせない」「相手の個別性を尊敬できない」といったことがレポートの発表と話し合いからハッキリしてくる。周りを見渡すと、自分だけでなく、他のメンバーも悩んでいることがわかる。自分の課題をゼミのなかで明らかにするには勇気がいるが、徐々に個々が決断して課題と向き合うことができるようになる。そうしたことが可能となるのは、一人でするのではなく、みんなで一緒になって取り組むからだ。

この学びのプロセスが、ゼミというグループにとても大きな役割を果たす。たとえば、ある一人のメンバーが、悩みながらも課題をハッキリさせようとしていることへ別の学生がかかわることで、今度は自分も課題へ取り組んでみようと勇気をもらう。たとえ時間がかかっても一人ひとりがグループに参加することで、確実にグループは〝グループになる〟ことができる。こうしてゼミがグループとして動き出すと、メンバーどうしが「今、ともにいる」と感じられるようになる。そうしたなかで、私と、また学生どうしの間でも新たな出会いが生まれる。

一人ではできないことが、グループの力で可能となることがわかろう。ただし、それが可能となるのは、私を含めた不完全な人間どうしが、懸命になって他のメンバーや自分と向き合うことから起こる。したがって、グループには、メンバーどうしが常にお互いを大切にできる関係になる可能性はあるが、それを実現できるかは、参加するメンバーの一人ひとりの力にかかっている。それが、まさしく個々のメンバーの決断として問われることになるのだ。

❖ 向き合う

こうやって合宿ゼミにおける学生の基礎となる人にかかわる態度の発見を考えていたら、最近のスーパービジョン研修で気づいたことを思い出し、自分のなかで結びついた。今月は、これまで継続している医療ソーシャルワーカー以外に、心身障害児の療育にかかわるソーシャルワーカーの人たちとも事例を用いたグループスーパービジョンを行った。

提出された事例は、どちらも簡単には対応できないものだった。医療ソーシャルワーカーの事例は、退院援助に関するものであった。末期ガンと脳梗塞による麻痺のあるクライアントは、経済的事情から療養型病院に転院が難しく、また介護をする妻の介護力にも問題があり、同居している長男から虐待の可能性もあり、在宅への退院も難しいケースだった。したがって、八方塞がりのなかで急性期病院には珍しい長期入院となっていた。

療育での事例は、母親が重度の脳性麻痺の子どもを育てることに不安を強く感じていて、夫を始め家族の協力が得られない長期にわたるケースだった。特に、母親の現実感のない考えや行動（一人ではできないと言いながらヘルパーなどのサービスを使うことを拒否する）が在宅での親子の生活を困難にしていたが、ソーシャルワーカー自身は、母親の希望に添いながらもスッキリしない援助を続けていた。

どちらも患者やこども本人ではなく、支える妻や母親とのかかわりが中心となっている。そして、長いつきあいのなかで、ソーシャルワーカーは彼女たちと向き合えていないことがわかった。向き合うためには、「転院も、在宅へ戻ることも難しい。私もどうしたらいいかわからない」。あるいは、「在宅での生活をきちんと行うには、今のままでは進めようがない」といったように、ソーシャルワーカーが自分を懸けて、自分の気持ちを伝えることが必要になる。そうした態度が相手を信頼することであり、相手の気持ちが動くことで信頼を生み、課題へと取り組む力を引き出すことにもなる。

実践力が、〝相手と向き合う〟という基礎となる人にかかわる力から生まれることがわかろう。

⑩ 問いとともに生きる

❖ 既知の新しさ

週末に研修が続くスケジュールのなかで何とか元気にやっている。そのエネルギーの元になるのが、新しい発見である。この新しさは、未知への関心からではなく、既知への問いから生まれることがほとんどだ。つまり、これまで何度か人間関係トレーニング、あるいはスーパービジョンで直面したテーマなのだ。ところが、今まで気づかなかったことが、不思議なことに新たな発見として起こる。なぜだろうか。

個々の研修には、同じメンバーで同じように行ってもまったく同一のことはできないという「一回性」がある。加えて、その一回性のなかでハッキリする「個別性」がある。この両者があることで、わかっているはずの既知のことから新鮮な驚きを得る。また、この発見とは、常に既知であるがゆえに終わりのない問いとなり、私たちは問いに開かれていくことになる。それが、まさしく学ぶことの面白さだと言えよう。

❖答えを求める態度

さて、「問い」をテーマとして取りあげたのだが、実はこの一ヵ月の発見には、その対となる「答え」に対する態度が大きくかかわっていた。その発見のきっかけとなったことを紹介してみたい。

先日、看護の基礎実習を臨時に担当している大学院生から、学生が自分で考えずに教員に答えを求めてくることに当惑しているという相談を受けた。そうしたなかで、答えを与えるのではなく、苦労しながらも学生が自分で考えられるように返していくという対応をしたとのことだ。やがて短い実習期間のなかで、学生は自分で考えられるようになり、続いて仲間と一緒に話し合うことで学べるようにもなった。結果として少し成長できたのだが、答えを求めることへの疑問は残ったままだった。

この取り組みのなかで、「答えを与えない、自分で考える」ことがポイントになっている。確かにそれは大切な視点ではあるが、他方で「なぜ、答えを求めるのか」を問いかける必要がある。なぜなら、答えには前提となる「問い」があり、この学生たちにも問いはあったはずである。ただし、その問いが洗練されずに素朴なままであり、さらに与えられたものであれば、答えを人からもらいたいという安易な発想になることは容易に想像できる。したがって、答えを求める態度を検証していくと、そこには自分から問いを発することができているのかという学生の課題があることがわかろう。

❖ 洗練された問い

こうした問いと答えとの関係とは、多くの人が学ぶなかで出くわす課題である。

そして、学問の基礎となる課題にどんな態度をとるのかで、個々の学びのちがいとして表れてくることになる。

卒業論文で「自分を表わす」ことをテーマとして取り組んでいる学生を例に考えてみよう。彼女は論文を書いていくなかで、自分を表わすことができていない日々の行動や態度に気づき、できない自分に直面することになった。また、日常の人間関係においてだけでなく、実習中にも実習指導者との関係から体験した。厳しい日々が続いたが、逃げずに向き合うことで論文も最終章へと進んでいった。

そうしたなかで自分を表わすためには、「考えるのではなく、感じたことをそのまま表わす」「自分を開く」といったことが課題として明らかになってきた。だが、それが簡単にできない。そうやって悩むなかで、「自分を表わす」という問いは深化していった。ポイントは、彼女が問いにより困難に直面し、苦悩した仕方だ。具体的には日常の人間関係のなかで悩み、また、卒業論文演習のなかで発表し、苦悩している自分を表わすことができるようになった。そうしたなかで「問い」は明確になり、自分の課題となったのである。

この学生の問いは、あくまで素朴だが、その素朴さは洗練されたものとなった。そして、同時に自ら発する問いとなっている。与えられたものではなく、自ら発する問いが生まれたのだ。それは、考えて辿り着いたものではなく、学生が自分の体験を大切にし、そこから感じ、動き出すことでできたのである。フランクルが言うように、苦悩のなかで「人生（相手）から問われていることに答えることができるかが問われている」（『夜と霧』みすず書房）のだが、この問われるなかで私たちは、問いを発することができるのだ。したがって、問いは強引に持とうとして持てるものではなく、問われたことに応答することで生まれるのだが、この問われていることに気づくことがスタートとなる。

❖ 問いがもたらすもの

この学生は、卒業論文に取り組むなかで、答えを見つけたのではなく、問いを発見したのだ。もちろん、書いていくなかでの気づきはたくさんあった。ただし、それらは答えというよりも、次の問いへとつながり、終わりのない問いへの旅に出発したのである。

このテーマを考えていたら、先日の人間関係トレーニングのことを思い出した。障害者福祉関係の仕事をしている管理職の男性は、役割上からも人前で流暢に話すことはできるが、感じていることを表わせないと前回の研修で気づいた。それで、今回は相手の話を聴き、どのように受けとめたかを相手に返すことを目標に参加していた。ところが、話し出すと自分の仕事の説明や経験談になってしまい、感じたことを話せないのだ。本人も、そのことに気づくのだが、切り替えができない。結局、できないまま終わってしまうのだが、最初とは、異なる感触を得たことがハッキリした。その彼の態度から、まだ実際にはできていないが、自分の態度に引っかかりをもち、問いとともに悩みながら生きていこうとする決心を感じた。

⑪　学び方の学習

❖ 授業が勝負

慌ただしく新学期が始まった。年々と授業そのものでなく、始める前にしなければならないことが増えており、少し疲労気味での開始となっている。しかし、どんな状況になろうと、教員は授業が勝負であり、これで給料をもらっている。したがって、他の要因のせいにして言い訳をしても仕方がない。要は、学生が自分から学びたくなる授業をすることだ。さらに、社会福祉や看護を学ぶ人たちにとっては、知識として知る、蓄えるだけでなく、実践できる教育をすることが大切となる。

他方で、学士課程教育において、初年次教育のあり方に関心が集まっている。そのため教育のシステム的な見直しがなされ、学生が大学で学ぶためのスキルを身につけることが行われている。よく言われる「生徒」から「学生にする」ということがその根底にあるようである。こうした発想が出てくることも現状からわかるのだが、果たして本当にそれだけでいいのかという戸惑いや疑問が私のなかでより大きくなっている。

❖教員が一人でするのではない

対象者に合わせて教育をシステム化することも必要だが、最大の課題は教育にかかわる私たちだ。どんなシステムを作っても、最終的にそれを実行するのは教職員であり、それを学生とともにできるかにかかっている。そして学生が主体となって学べるコミットができているかが問われている。

一方的に教員が指示し、教えるのではなく、ここでは時間がかかっても学生が話せるように、自分から取り組めるように待つことが必要になる。しかし、これまでの教員主導型の教育に染まっている人にとっては、自分から働きかけないと何もしないことになり、不安になるのだろう。そのため、気がつくとアドバイスをしたり、ほとんどの時間を教員が話してしまっている光景がみられる。

学生主体の教育をするには、変わらねばならないのは教員なのだが、それには〝教育とは教員一人でするものではない〟という自覚が必要である。授業という現場に対する姿勢を通して拠って立つところのちがいがハッキリする。

❖ やらねばならないこと

学生のレベルが低下したと言う教員のなかに、教育のしづらさを相手のせいだけにしている人たちがいる。これでは、学生とともにという姿勢が出てこないのは明白だろう。まさしく、教員が一人でする考えの表れである。

他方で、学生のレベルに合わせた教育が必要だと言う人たちがいる。こちらの人たちの言い分の方が、学生に寄り添うことでもっともに聴こえる。しかし、より難しいのはこちらのグループの人たちだ。というのは、相手に合わせることだけが目標となり、本来行われなければならないことが忘れられてしまうことがあるからだ。

こうした現象をより掘り下げて考えてみると、これまでもできていたかを問いかけることになる。教育として大切にしたいこと、伝えたいことは、誰に対しても変わらないはずである。従来どおりのやり方が通用しない相手と相対するとき、私たちは新しい対心を突きつけられるだけでなく、これまでの教育のあり方がハッキリする。もっと的確に言えば、これまでの〝私〟が問われていることになる。そのことが見過ごされると、肝心な点が抜け落ちた〝やさしさ〟だけの教育になる危険性がある。

そして、問われていると気づいて、私たちが動けるかが勝負となる。それが、変わるということなのだが、実は本来しなければならないことをすることになると言った方がピッタリくる。

❖臨床からの教育

これまで示してきたことは、教員が授業に、また学生にどのようにコミットしているかを表わしている。授業という実践の現場における態度なのだが、それは単に授業のことだけではなく、私は学問に対する基本的な態度の表われと感じている。つまり、教員が何を大切にしているかが表われていることになる。

社会福祉や看護の分野において、自分の研究している考え、や理論を実践、に応用、していくという方法が、一般的にとられている。ところが、私にはどうしてもそうした研究の姿勢に馴染めない。というより、興味がわかなかない。私にとって大切なことは、目の前で起こっていることに自分がどのようにかかわり、今一緒にいる人を大切にするにはどうしたらいいのか、それが最大の関心だからだ。もちろん、研究者としてそのことをことばにし、概念化することを行ってきたが、まずは自分が適切にコミットし、行動できるかだ。それが自分らしさであり、それをなくしたら自分ではなくなってしまうと思っている。ここに何を大切にしているかが、明確になる。

これまでの一般的な学問への姿勢は、圧倒的に〝臨床への学〟であった。それに対して私が行っているのは、〝臨床からの学〟だ。これは、教員の基本的態度だが、それが学生に伝わる。ことばでいくら説明するよりも、行動で示すことでハッキリする。

学生が目の前のできごとにどのようにかかわるのか、そのことを大切にし、一緒に学んでいく。つまり、傍観者として知識だけを蓄えるのか、それとも相手と一緒に動き、感性を磨き、自分を使えるようになるかのちがいである。こうしたことが、学問に対する姿勢となっていく。したがって、学び方とは単に学習スキルを身につけるのではなく、学ぶことが面白くなり、自分ができごとに適切にかかわるにはどうしたらいいか、さらによりよく実践するには、自分の人にかかわる態度を発見することである。それが、一人ではできないことを学ぶ教育であり、学び方の学習として不可欠になる。

⑫ スムーズに行けない

❖ 自分を使う

五月になって、この数年続けている研修が相次いでスタートした。医療ソーシャルワーカーを対象としたグループスーパービジョン、同じく卒業生のソーシャルワーカーを対象にしたもの、障害者施設で働く人たちの人間関係トレーニング、いのちの電話の相談員研修などである。これらの研修に共通しているのは、回数の差はあれ継続して行うということだ。短いもので三回、長いものでは十回以上続けることになる。継続して行っていくことで、受講者の一人ひとりの課題がハッキリしてきたり、また、そのことに向き合えたり、できていないこともわかってくることになる。

今年のスタートの印象は、面白いことにどのグループも共通して反応がいい。最初から、自分のことをきちんと話せる人が多いと感じている。自分が、ソーシャルワーカーとして何をできているか、できていないかだけでなく、何をするときにも自分を使えているかという問いが出てきている。具体的には、聴く態度、人と協働する姿勢といった基礎となることが、「できていない、疑問を感じている」と表わせている。そして、研修のなかで、他のメンバーと一緒に課題を明確にし、できていない自分を使えるようにしたいと挑んでいきたいことが伝わってきた。

❖気持ちが動きだす

こうした体験型研修に参加するのは、講義だけのものとは異なり、真面目な人ほど気が重くなるようだ。なかには課題を抱えていて自分から藁をもつかむ気持ちで参加する人もいるが、多くの人は、仕事をするなかで戸惑いを感じていても、研修で自分のことが問われることには、抵抗があるのが実際だろう。しかし、そこで止まっていたら、不全感が続くだけである。そのため、思い切って研修に参加して来るのだが、他方で不安があるのもよくわかる。

そのため研修の最初が大切になる。それぞれの思いを、どうやって研修につなげられるかである。その方法として、今年はどの研修でも、まず、対人援助を実践するには人にかかわる態度が大切になること、そのことを学ぶための方法がポイントになることを、受講者の反応を見て、問いかけながら講義を行った。その後に、今度は参加者が、私の話を聴いて、どのように受けとめたかをグループで自主的に話してもらうようにした。

多くの参加者は、研修に出てくることへの気の重さ、不安があることを話せた。そのことにより、「不安なのは私だけでなく、他のメンバーも同じだ」ということがわかりあえた。個々の真剣さが表れたと同時に、「私もやってみよう」という参加者の気持ちが早くから動きだしたのが、今年の研修の特徴だと言えよう。

❖研修が必要な理由

　さて、参加者が感じていることを話せたことで、いくつかの課題がすぐに明確になり始めた。特に、卒業生を対象にしたグループスーパービジョンでは、学生時代にわかったと思っていたこと、大切にしたいと言っていたことが忘れられ、実践においてできていないことがハッキリしてきた。それぐらい現場では、仕事を円滑に進めていくこと、ソーシャルワーカーとして組織から期待される役割として行動せざるを得ない現実があるのだろう。

　その典型的な具体例が、基本となるよい人間関係に関することだった。利用者の利益を守るためには、時には他職種とぶつかることができて、初めて多職種協働が実現できるということを講義で話した。そのことに対して参加者から「違和感を感じた」という発言があり、頷くメンバーもいた。彼女たちにとって、ソーシャルワーカーは、仕事をスムーズに進めることが期待され、それを促進するのが役割となっているようだ。そのためソーシャルワーカーの間だけでなく、関係部者との協働においても、よい人間関係を作ることが必要だという発想になっていた。

学生時代にゼミの仲間と苦悩し、よい人間関係を維持するだけでは〝お互いを大切にできない〟と学んだはずなのに、すっかり忘れてしまっていた。しかし、それだけ組織からの期待に応えたいという気持ちの裏返しでもあろう。本人たちにしてみれば、ソーシャルワーカーとして当然のことを行っているのだが、そのことで〝組織のための人間〟になってしまっている。怖いのは、そのことに気づかないと、人間が組織化されてしまうことが起こることになる。

❖苦悩するチャンス

誰しも物事やそれを進める人間関係は、スムーズに行った方がいいと思っている。そうすることで、利用者、またソーシャルワーカーや職員どうしが大切にされていれば、何の問題もない。ところが、実際には、これまで他職種の発言や行動に疑問を感じても、「めんどくさくなる、やりにくくなる」から言わない。あるいは、利用者の家族に対しても、「自分たちの都合だけで、利用者のことを考えていない」と感じても、やはりこれからの対応をスムーズに進めるために伝えないことが起こる。

相手を、そして自分を大切にしたければ、必要に応じて感じていることを相手に伝えることだ。ただし、そのことにより相手との関係がギクシャクしたり、やりにくくなることも生じる。しかし、それをしない限り、私が真剣になって動こうとしていることが相手に伝わらない。同時に、そうした行動は、時には自分を、相手を苦悩させることも起こす。私たちは、どうも辛い状況や不安から抜け出す、あるいは助けることばかりを考えて、苦悩のなかで人が成長できることを忘れてしまっているようだ。そのことが、援助の専門職としてソーシャルワーカーに最も問われていると感じた。

⑬　一人では生きていない

❖ 現状を知るから始まる

六月後半から蒸し暑い日々が続くようになった。身体は少しバテ気味だが、毎年のスケジュールは基本的に変わらない。そして、忙しくなればなるほど、誠実にやるしかない。面白いことにそうしていると、必ず新しい発見がある。たとえば、これまで気づいていたことが、よりハッキリしたり、同じことをしていても、新しい側面を見つけることがあるからだ。

課題に取り組むときの私の基本は、現状を明らかにし、共通の理解をすることからスタートする。たとえば、ある授業では「人間関係」を他人事ではなく、自分の問題として受けとめられるように数回の講義を行った。その後に、講義を通して「自分の人間関係の現状をどのようにとらえられるようになったか。また、そこで明らかになった課題」についてレポートを提出してもらった。

多くの学生が、真剣に自分の人間関係に向き合い、あまり認めたくない現実を書いている。しかし、地に足のついた実践をするには、現状を明らかにすることからしか始まらない。それをできることが彼女たちにとって第一歩だ。

❖ 過敏な態度

明らかになった学生の人間関係の現状は、自分の意見をグループのなかで言うことが、「不安で、恐れており、怖い」というものだった。共通していることは、人間関係をとても気にしていて感じやすいのだが、その方向が内向きであり、閉ざされた過敏な態度になっていることだ。

なぜ、そんなにまで意見を言うこと、あるいは自分を表わすことに抵抗があるのだろうか。その背景には、自分を出すことでみんなとちがうことが明らかになり、人間関係がうまくいかなくなり、仲間外れになることを恐れている。そうしたことを、個々が一人で悩み、考えているのである。

ここまで示してきた学生の課題とは、私にはこれまでの経験からわかっていたことでもある。同時に、学生だけでなく、現場で実践している人たちも無意識的に行っていることである。そのため、気づいてもらうことが、余計に難しいことが多い。他方で、「社会福祉や看護を学んだり、実践する人がそれでいいのか」という声が聞こえてきそうである。しかし、私は今回のレポートから、やはり〝ここからスタートするしかない〟と改めて確信をした。それが学生を育てることであり、そのプロセスをともに生きることが教員の役割であり、教育であろう。

❖関係は動いている

学生の人間関係の現状から気づいたことを、さらに紹介してみよう。学生は、友達やサークルの仲間とよい人間関係を作るために、意図して相手との距離を縮めようとする。そして、適度に近づき、その縮まった距離を維持することで、相手とよい人間関係を保とうとしている。つまり、適度に縮まった距離で静止させ、止めておこうとしているのである。

こうした対応に無理があることは、学生もレポートを書くことで考え、気づいているのだが、より明確にする必要がある。相手が誰であれ、人間関係は常に動いている。まったく同じ状態を維持することは不可能であり、そんな状態を続けようとすると自分が不自由になるだけである。

課題に取り組むには、適度な距離に安住するのではなく、かかわりのなかで近づいたり、離れたりできるようになることである。ただし、それができるには、関係を曖昧なままにしてよい人間関係を維持するのではなく、相手との関係をハッキリさせることが必要となる。この相手との関係をハッキリさせることが、実は距離が縮まる瞬間である。それは、相手を大切にしようとして、気がついてみたら行っていたという動きであり、意図してではなく、結果として起こることである。当然のことだが、動きなので、距離は縮まったり、広がったりもする。無理して止めておくより、人間関係に対して、また、自分が自由になれることがわかろう。

❖ 自分を開く

ここでタイトルである〝一人では生きていない〟と結び付けてみよう。自分の意見を言わないこと、また縮まった距離を維持したいという態度は、すべて一人で生きるのではなく、他の人と一緒に生きたいという思いから出てきている。したがって、ともに生きることを望んでいるのだが、目の前の相手とするのではなく、自分の中だけで一人でしていることになる。レポートを書くことで、また、お互いに書いたことを話し合うことで、みんなが同じ苦しい思いをしていることをわかることができた。

お互いが、自分の悩んでいることを、できていないことを話すことは、自分を開くことであり、そこから〝ともに生きる〟ことが始まる。ただし、このプロセスとは、やってみなければ相手がどのように受けとめてくれるか、わからないことである。その歩みだせる力とは、自分を、そして相手を信じることから生まれる。

❖ ともに生きる態度

ソーシャルワーカーや看護師になる学生にとって、ここまで指摘してきた基本的な態度は、必要不可欠となる。なぜなら、私たちは、利用者が自分を開けるようになる、あるいは、なってくれることで支援ができるからだ。ただし、そのためには、援助者が自分を開くことができるようになることで、利用者ができない、わからないことを話すことの辛さ、自分を開くことの困難さを受けとめることができるようになることが必要だ。

このように援助場面で、〝ともに生きる〟ことは可能なのだが、それは単に居心地のよい時間ではなく、お互いが真剣に向き合えているときなのである。

II 私たちを動かすもの

⑭　管理者の役割（その一）ケアと共通の基盤

❖恒例のスケジュール

暑さは、しばらく続くとの予報だが、八月が終わろうとしている。今夏は、ついに二日間続けて休めることはなかった。それでもこの時期にやるべき恒例のことは、何とか継続してできた。考えてみるとこの十年間ぐらい、八月は他の月とは異なる独特なスケジュールで活動している。あたりまえのことだが、仕事をするには本番の研修だけでなく、事前の準備、事後のレポートやリアクションペーパーなどでの振り返りがある。こんなにやれるのかなと思いながらも、受講者の人たちの学ぼうとする気持ちと研修担当者のヤル気に押されて続けられている。

今月はこの連載に何を書こうか直前まで迷い、とりあえずある別のテーマを書いた。しかし、この時期に例年、一番多くかかわるのが看護管理者の研修である。今年もレポートだけで百人以上のものを読み、すべてにコメントをして返している。他の研修でも印象に残っていることはあるが、やはり、今月はこの認定看護管理者研修からの学びを書いてみようと決めた。

管理者の役割を明らかにすることは、私が大学院時代から行ってきた研究テーマである「役割」に対する考えを、現時点で明らかにする試みともなる。現場で身体を張って働いている師長さんたち、また、多くの管理者の人たちに、一緒に働く仲間や自分自身を大切にする実践的役割論を数回にわたって届けたい。

❖管理のとっつきにくさ

研修の受講者に「あなたは管理者の仕事を望んでしていますか」と質問すると、多くの人たちから「できれば現場で一看護師として働きたい」という答えが返ってくる。その背景には、専門職として現場で看護の仕事をしていたいという思いがあることがわかる。しかし、よりよい看護サービスを提供するには、個々人としてだけでなく、チーム、組織としての取り組みが必要であることがすぐにわかろう。管理者の役割を責任もって担う人がいて、組織全体としてのサービスが向上することになる。

このように内心では前向きになれない状態の人たちが、いきなり管理のあるべきかたちを学ぶと、〝とっつきにくさ〟ばかりが目立つことになる。なぜなら、事前に「管理とは何をすることか」とワンセンテンスで簡潔に答えてもらうと、「統率、引っ張る、まとめる」ことだと考えている人が半分。さらに「職場の環境調整をして、仕事の効率を上げ、目標を達成する」と考えている人たちが三割ぐらいいるからだ。

受講者の多くは、実際には前述したような役割を担うことが苦手だと思っているのだが、それを外に表わせないのが現実だ。そこへ研修で管理を学び、「仕事の効率を上げる、目標を達成するために部下をどのように動かすか、使うか」という方策を学ぶと、管理のとっつきにくさは、ますます深刻なものになってしまう。

学ぶ順序を逆転させる

一般的には管理とはマネジメント（management）を指しており、受講者は、まずはここから学び、次いでコースが上がっていくと経営（administration）のことを学ぶという順番になる。

managementは、manageという動詞の名詞形だが、元々は「人を巧みに扱う、服従させる、操縦する」という意味がある。したがって、管理するとは、相手をこちらの思い通りに動かすことであり、そう仕向けることで自分も部下も自分らしくなくなり、ある枠のなかにはめ込むことで、不自由になる。それに対して、経営を指すadministrationは、administerという動詞の名詞形だが、元々は「人の助けになる、役に立つ」という意味がある。先のマネジメントとは異なり、相手や社会に奉仕することであり、そのためには部下や自分を含めて、人を育てるということが大切になる。

両者のちがいを理解すれば、マネジメントからではなく、アドミニストレーションから学ぶことで、管理を身近なものとして学んでいくことができるのがわかろう。

❖管理とケアの共通基盤

組織を大前提として置き、その必要によって人間を管理するという発想が主流となり、「お互いを大切にする関係を創造するという大きな目標を目指す実践のなかに管理があり、組織が生まれること」が忘れられている。アドミニストレーションという発想が、「人を育てる」ということを示していることは、ケアをしていくなかで、する人とされる人のお互いが自分らしくなるということに通じる。このようにケアとのつながり、共通の基盤を見出すことで管理が身近なものになる。

私は、講義で「よき援助者は、よき管理者になれる可能性がある」と話している。それは、患者への適切なかかわりができていれば、対象となる相手の呼び名が職員に変わっても、人へのかかわりとしては同じだからである。

❖役割を引き受ける

研修を通して、改めて自分が本当に管理者の役割を果たせるのかを真剣に問いかけている人たちがいる。すでに管理者の役割に就いているのにおかしいと思われるかもしれない。だが、真面目な人ほど、そう考えてしまうようだ。

ある受講者が、「この研修で管理者に必要な戦略も学んだが、私とA先生の講義から、人にかかわるための基本を学び、そのことが実践できなければ、自分の役割を果たすことができないとわかった」とレポートしてくれた。また、多くの受講者が管理者の役割を引き受ける決心ができたことが嬉しかった。しかし、同時にそれは個々の課題と向き合うことになる。次回からは、その課題を通して管理者の役割を明らかにしていく。

⑮ 管理者の役割（その二）相手も自分も変えられない

❖ どっぷり事例へ漬かる

秋の訪れとともに、事例と向き合う日々が始まった。その最初となったのが、鹿児島県桜島での医療ソーシャルワーカーを対象としたスーパービジョンだった。二日間の研修では、スーパービジョンからどのように学ぶかを理解してもらい、次いで二つの事例を基に、スーパービジョンを行った。九州各県から集まったメンバーは、一緒に事例から学ぶことで、実践における人にかかわる態度の課題を発見する機会になった。

他に嬉しいことがあった。鹿児島時代のゼミの卒業生が、鹿児島県医療ソーシャルワーカー協会の会長と副会長に就任していた。二人は、ともに二十代のときに現場で悪戦苦闘した。苦労した彼らが、三十代半ばになってソーシャルワーカーの協会でリーダーシップをとる役割を担うことは、感慨深いものがある。苦悩することが人を育てると、改めて感じた。

他にも継続して毎年行っている医療ソーシャルワーカーのグループスーパービジョンも事例を活用する段階になった。ソーシャルワーク実習指導、保健医療ソーシャルワーク実習での事例検討、大学院での事例演習など、とにかく事例漬けの日々となっている。それらに共通していることは、体験から学ぶということだ。

前回から始めた管理者の役割を問いかけることも同じで、基本は自分自身を使う実践ができるかにある。そのために、やはり事例として出された管理者の個別の課題を検討し、そこから見えてくる共通の課題と管理者に必要となる役割を考えてみたい。

❖自分を変えるのではない

多くの看護管理者が管理者研修を通して部下（相手）を変えるのではなく、自分が変わらなければならないと考えていることがレポートからわかった。具体的には、かかわりが難しい部下との関係が事例として出され、以下のような課題として示されていた。

私は、これまで相手を問題のある部下と決めつけ、理解しようとしていなかったことに気づいた。そのため、管理者として問題のある部下にどのように対処するかということに焦点を当て、〝相手をどうするか〟という発想で行動していた。しかし、現実には相手は簡単に変わってくれず、悩んでいた。同時に、仕事をスムーズに進めるために部下とのよい人間関係を維持しておきたいと思っていることにも気づいた。

こうした問いかけから管理者の役割を担うには、自分を見つめ直し、〝自分が変わる〟ことが必要だと研修を通して結論づけている受講者が多くいるのに驚いた。だが、相手を変えられないと同様に、私たちは自分を変えることもできない。また、もし変わってしまったら、管理者の役割を担うことで別人になってしまう。現実はその反対で、役割を担うことで、その人らしさが表われてくるのである。

❖気持ちが動く

アサーションの考えにつなげ、自分を表現できるようになっていくことを課題として捉えることで、前記のような考えになったように思える。つまり、自分を表わすことが難しいがゆえに、実行するには自分を変えなければできないという理解になったのだろう。

他方で、私が研修のなかで強調するのは、自分を守ることで管理者の役割を演じるのではなく、「気持ちが動いて自分の内側から外に出て行き、持っている支えを外して自分を表わす」ことの大切さだ。止まっていたものが動き出すことで、私たちは生き生きとなる。このようにすれば、相手も内から出てきて自分を見せてくれる。相手を理解したければ、まず、自分を見せていくことである。

このように、変わるのではなく気持ちが動いて行動できるかが、勝負となる。ただし、そのプロセスにおいては、これまでのよい人間関係のままでは、やれないことが起こる。したがって、よい人間関係にしがみつき、これまでの関係を維持する態度をとり続けることは、問題を維持し、ただ先送りしている無責任な行動だということが明らかになる。

❖〝ちがい〟の明確化

では、管理者の実践として、部下を大切にする、あるいは相手を育てるには、どうしたらいいのか。

まずは、その役割の基本として、相手の話を〝聴ける〟ことである。相手の話をまともに聴けるようになると、よい人間関係ではやれなくなる。一般的には、よい人間関係を築くために、傾聴することの大切さが指摘される。しかし、実際に相手の話がきちんと聴けるようになれば、「わからない」「疑問が出る」というように相手とのちがいが明確になる、ことが起こる。この〝ちがい〟をわかることが、相手を理解することである。同時に、部下を尊重し、一人のかけがえのない看護師として大切にすることになる。

❖ 協働を生み出す力

このちがいを明確化する決断が、簡単なことではない。実際に人間関係トレーニングを行っていると、明らかに他のメンバーの発言に疑問を感じていても、それをタイミングよく指摘できない人が多い。その瞬間が、先に指摘した「自分の内から外に出て行くとき」なのだが、内側に止まり安全を求めてしまう。内から出ることで自分が無防備になり、傷つくことを恐れている。しかし、それではいつまでたっても相手と〝ちがいの共有化〟をすることができない。

確かに、明確化のプロセスでは、問題が出てくる。だが、この問題を一緒に取り組むことで、私たちは相手とちがいを共有化でき、協働が生まれる。そして、この協働を生み出す力が、管理者の大切な役割なのである。

⑯ 管理者の役割（その三）できない自分を表わす

❖ 身近にあってわからない

何日か前に、今回のテーマである役割理論の講義を認定看護管理者セカンドレベル研修で行った。私にとっては、大学院時代からの研究テーマであるが、未だにやればやるほど、難しさを感じる。その理由の一つに、社会や組織との関係を生きていくうえで役割が常に私たちの基本になっていることがあげられる。役割が身近にありすぎ、わかっているのにできない、役割との関係が見えなくなることが起こる。講義をしていると、受講者が日常の実践と結びつけて頷いているし、私自身もそうだ。

講義のなかでの反応だけでなく、昼休みに受講者と話すことで、また、レポートなどからも、前記の〝日常の私が問われている〟ことがわかる。そして、役割との関係を明らかにしていくと、相手を、自分を大切にしているかがハッキリする。そのことが、管理者の役割として最も基本になるのだが、同時に難しい点でもある。なぜなら、管理者という役割を実践するなかで組織の機能を優先してしまい、部下の一人ひとりがかけがえのない仲間であることがわからなくなるからだ。具体的な例から考えてみよう。

❖自分から動いてわかること

認定看護管理者の研修に参加したある師長は、これまで行ってきたカンファレンスが形式的なものになっていることに気づいた。発言するのはリーダーばかり、本来チームで確認しなければならないことがなされず、当事者だけで解決してしまっている等である。また、師長自身も解決のための枠組みだけを提供して済ましていた。そのため、新たに看護を語れる場としてのカンファレンス、業務について討議できる病棟会の時間を確保し、チームで取り組めるようにした。そうすることで、誰もが参加し、みんなで取り組むことができるという目標を立て、実現できるように考えたのである。

この改善によって、カンファレンスは以前とは異なり、一人ひとりが発言できる場になった。ところが、メンバーのなかに「私は他の人のように熱心に看護に取り組んでいないので、カンファレンスに参加するのが辛い」と訴えるスタッフが出てきた。彼女はカンファレンスのときには、意図的に患者のケアのために病室へ行き、出席しないようにしていたこともわかった。そのため、個別面談で話を聴き、「出られるとき参加すればいい」とアドバイスをし、後は職業人なのだから自分で努力して欲しいという対応をした。この面接で、相手の辛さを受けとめたつもりになっていた。

❖ 予め目標をもたない

これまで紹介してきたことを、研修のなかで振り返ることになった。「当のスタッフの行動は変わらないし、その後のアプローチも以前と変わっていない」。なぜかと考えたら、相手の気持ちをきちんと聴けていなかったことに気づいた。この聴く態度が、やはり相手への働きかけとして出ている。管理者として〝あるべき行動〟をすることで、自分の役割を果たしていたと思っていたのである。ここでハッキリしたのは、チームとして行動できるようにカンファレンス等のもち方を変えたのに、肝心の自分自身の態度は同じままだったことである。

今後のことを見越して、問題解決の方法を考え、それを目標として実現するという発想は、管理者として誰もがとることである。ところがそのことにより、管理者の役割や目標を優先し、自分の望んだ方向に動かそうとすることが起こる。まず、やらねばならないことは、チームが〝私たちになる〟ことだ。この〝なる〟というプロセスのなかから、つまりお互いを大切にするという関係のなかで目標を明確にし、管理を行っていくことができる。

❖ できない自分を表わす

管理者の役割を振り返ると、〝できていない〟ことが幾つもあるとわかる。研修のなかで強調することだが、だからといって自分を否定することはない。怖いのは、できていないことに気づかずに、師長として当然のごとく役割を演じることである。同時に、もし師長という役割に就かなければ、気づかなかったことでもある。役割に真剣に取り組むなかで課題が見えてきたのである。

問題は、気づいたときの私たちの対応だ。師長の役割が問われているのだが、チームの力を向上させることは自分一人ではできない。そのため、〝できていない自分を表わす〟ことが必要になるのだが、これが難しい。たとえば、「師長だからみんなのモデルになり、常に部下よりできなければならない」と考える人は、自分の内側に問題を抱えたままにして、役割行動をさらに辛いものにしてしまう。

❖ 一回性から生まれる役割

反対にできないことを表わせれば、部下が理解してくれ、ついて来てくれることが起こる。ただし、そのためには部下を信頼することだ。相手を信頼することで、私たちは自分を開いて、一緒に動き出すことができる。師長の役割として、このことをいつでもできるかが問われている。

冒頭でも示したように、役割の問題は難しいが、その難しさは毎回での決断にある。私たちは、一度できると、それを前提として、できるものと考えてしまう。つまり、役割として身につけることで、「今、ここで」の一回勝負の相手のことが見えなくなる。そうならないためには、できたことを忘れ、今の相手と向き合い、必要な役割を一回一回創り出すことである。この役割がもたらす難しさは、どこまでいっても完全に解決することはできない。だが、この問いに応え続けることが、自分を大切にすることになる。他方で、この取り組みを忘れた管理者は、役割とだけに生きることになる。

⑰ 管理者の役割（その四）決断することでの成長

❖ 受けとめるという働きかけ

秋が深まり、大学の仕事の合間をぬって幾つか研修を継続して行っている。本年度に入って続けているもので、最近になってメンバーの動きが確実に出ている。それを感じられるのは、とても嬉しいのだが、私だけでなく、グループの他のメンバーが気づいてくれるときに、より充実感がある。

自分の課題に気づくことで、研修での動きは出ているが、実際にはグループのなかで他のメンバーやグループに受けとめられるなかで起こる。あるメンバーは、「自分ができていない」ことを表わせるようになったが、そうしたことを受けとめてくれるメンバーがいることで、自分から課題に挑戦してみようとして動けている。

研修に参加する人たちを見ていると、相手に働きかけることを得意とする人が多い。同時に、その人たちは相手の話を傾聴し、受けとめる態度の大切さを知っている。だが、残念なことに両者が別なものになっている。そのため、〝受けとめる〟に集中すると、働きかけができなくなる。また、その逆も起こる。ポイントは、両者を同時に行えること、つまり受けとめるという働きかけの実践であり、そのことによって自分を表わすことがお互いにできるようになる。

こうした相手の気持ちの動きを〝受けとめる〟ことが、管理者に求められる態度であり、それが役割の取り方に表われることになる。

❖ 実践力を表わすもの

研修で出会う多くの師長さんが、組織や上司、あるいは部下から期待されていることへ一生懸命に応えようとしている。自分の行動を振り返り、また相手の言動から、真面目な人ほど頭のなかで考えることで、「こうしなければ」と意識しているようだ。

他方で、実際の役割行動は、具体的な人間関係において起きる。つまり、頭のなかで考えるのではなく、目の前の相手に自分の感じたことを表わし、行動していくことが求められる。先に示した〝受けとめるという働きかけ〟ができるかが問われているのである。

仕事の計画や進め方など〈ことがら〉に関することを伝えることは抵抗なくできるが、感じたことを表わすことができない人が多い。たとえば、研修で、私が「自分をすべてさらけ出す必要はないのですよ。そのとき感じたことを表わせばいいのですよ」と話すと、「感じたことを表わすことが、最も自分をさらけ出すことになる」と思っている人たちがたくさんいることがわかり驚いた。

いくら考えても仕方がない。問題は、実行できるかだ。研修とは、一人ではできない実践を、グループで他のメンバーと一緒に行うトレーニングである。たとえば、「相手と自分の受けとめ方がちがう」「相手の言っていることがわからない」と感じたことを伝えることで関係が壊れ、終わりにはならない。むしろ、そこから相手と本気で向き合い、関係が始まる。

相手をわかりたければ、自分を見せることである。自分のことは、できるだけ隠しておいて、相手の気持ちをわかりたい、本当の考えを知りたいと望むことは、横柄な態度を取っていることになる。反対に、私たちが自分を見せることで、相手も自分のことを見せてくれる。つまり、誠実な態度を取ることで、実行できるのである。

実践力とは、このように自分が考えたことを実行するのではなく、感じたことを表わす力であることがわかる。それが、管理者の役割の基本であり、リーダーの役割として求められる意思決定の仕方にも大きく影響する。

❖決断するとは

自分がどう行動するかは、最終的には個々が決めることだ。この決断が、一看護師として働いているときより、師長さんにはずっと重くのしかかってくる。

決断は、事前に集めた情報や事実に基づいてなされる。だが、決断するとは、先のわからないことを決めることであり、予測どおりにはいかない。そのため、最終的には、管理者の〝確信〟に基づいてなされる。管理者の「これを行い、あれをしない」という確信を支えるのが、感性である。

決断力には知性ではなく、感性が必要なことがわかろう。同時に、「私たちはあることを選択するだけでなく、自分のあり方を決断している」（フランクル『苦悩する人間』春秋社）。この自分のあり方を決断することで、成長する機会を得る。また、決断する態度を部下は見ている。したがって、部下がリーダーについてくるかは、決定した事項の適切さだけでなく、管理者の決定への態度が大きく影響する。なぜ、この決定をしたかをきちんと伝えることで、部下の信頼を生み出すことも可能だ。

決定とは異なる考えを持っている部下もいるだろう。そうした相手に対して、自分の確信をきちんと伝えること、特に話しにくい相手にこそ、きちんと伝えることが必要である。そうした管理者の態度は、管理者一人だけが責任を持つのではなく、チームとしてのみんなの責任を生み出し、共有できる強いチームを創り出す。

❖ 生まれ続ける

管理者として仕事をすることは、決断をすることで、それまでにない責任を果たす。しかし、それは辛い役割を果たしているだけではない。決断する役割を実行するなかで、新たに自分が生まれるチャンスをもらっていることになる。決断をすることで、私たちは生まれ続けることができる。

反対に、チャンスをもらっても、その役割をきちんと果たせないと、自分を新たに生みだすことはできない。フロムが指摘するように「生きるとは、たえず生まれることである。悲劇は、私たちのほとんどが生き始める前に死ぬということである」(『人生と愛』紀伊國屋書店)になってしまう。

⑱　管理者の役割（その五）一人から始まる

❖ 一区切り

日本中が大荒れの天気の中で、関東だけ空気は冷たいが、穏やかな大晦日となった。余裕をもって原稿を書くはずだったのに、ギリギリになって、何とか書く時間ができた。午後一時過ぎ、部屋のなかは暖房なしでポカポカと暖かい。掃除をした照明器具を見上げると、何となく透き通って部屋が見える感じがする。新年を迎えるのにちょっといい気持ちになった。

この数年は、十二月の授業の終わりが遅くなり、新年の開始が早くなったことで一週間ぐらい休みが短くなった。一方で、この間の仕事の量は確実に増えていて、年齢的に処理能力は下がっているので、本当に年末・年始の休みがなくなってしまったという感じがする。それでもこうやって書くことで、一年に区切りをつけられることは嬉しい。

あの猛烈に暑かった夏から始めた「管理者の役割」だが、今回で終わらせたい。最後に書きたかったテーマは、管理者の役割として、誰もが考える〝チーム力〟をつけることだ。どこから書き始めようかと考えていたら、昨日まで読んでいた十九名分の卒論、卒レポにおけるある学生の学びが、伝えたいことにつながると閃いた。

❖感想が言えない

その学生は、卒論で次のような学びをしていた。彼女曰く、このごろゼミで、他の人の中間発表を聴いて感想を言う人が増えていると感じるようになった。最初は、論文に対して疑問や質問という意見ではなく、感想を言うなんて意味がわからなかった。また、残念ながら自分は他の学生の発表を聴いて感想を言ったことがない。

私が卒論の中間発表をしたときも、何人かのメンバーが感想を言ってくれた。共感したり、異なる受けとめ方を表明してくれたのだ。このとき嬉しかったが、同時に大切なことに気づいた。ゼミ生どうしがお互いに感想を言えることで、ちがいを明確化し、共有化することをしている。つまり、感想とは〝ちがいを共有化するとき〟なのだとわかった。

したがって、彼女が感想を言えないことは、相手とのちがいを共有化できていないことになり、それが自分の課題とわかり、卒論を進める上で大きな転換点となったのである。

看護師へのグループ研修を行っていると、感想を言えない人が結構いる。感想は、最後の場面で言うのだが、それまで話せなかった自分の考えを話し出してしまう。したがって、長くなる。結果的に、一緒の時間を共有して学べたのか、何を学んだのかが伝わらないし、わからない。他の参加者とのちがいを共有化できない。これでは、研修から実践力を身につけることができないことは明白だ。

こうしたことは、学生のうちから学べる。また、学んでいないまま、現場で仕事をしていくと本人も、管理者も困ることになる。そのため、私はゼミ生に確実に学んで欲しいことであるし、そうした学生を現場に送り出す責任がある。

❖ 実践できる個人がいる

卒業後に自分のことが見えても表わせないと、本人はチームの中で自分の位置がわからないし、管理者は戦力としてどのように育てたらいいかもわからない。チームの力を考えるとき、まずはメンバー個々の力が問われ、その基本となるのが前回も指摘したように、受けとめ、動けるという〝感性〟である。したがって、チーム力の向上には、当然のことだが、個々のメンバーが実践力を示す感性を身につけていないと、管理者がいくらチーム力をつけるための学習をし、教育システムを創ったとしても、役立つものにはならない。

実践力とは、相手の話を聴いたり、現在の状況を見て必要となることを想像でき、その時や場面に必要なことを生み出すという創造ができることである。こうした動きができるメンバーがいないと、いくらチームとしての取り組みを考えても、管理者はチーム力を育てることはできない。

たとえば、サービスに対して患者から不満や苦情が出されたとき、そのことへきちんと対応することが、実践力を発揮するチャンスである。ところが、ありきたりの対応しかできない人は、あくまでも苦情という枠のなかでしか捉えられず、提供しているサービスが適切だったのかという、基本的な問題へつなげて考えられない。こうしたことの繰り返しでは、チームとしての力は育たないし、組織としてのレベルアップにもならない。管理者としては辛いところだが、ここが踏ん張りどころである。

❖チームを動かすもの

チームを突然変えようと思っても、簡単には変わらない。師長さんたちは、痛いほどそのことを体験している。つまり、グループとしてのチームの力は強く、楽をしている人たちにとっては、そのままでいたい。

こうした現実を打破していくには、先に示したような優れた人が、たくさんいるといい。しかし、現実は厳しく、一人しかいないかもしれない。もちろん、誰もいないのでは困る。管理者としては、何としてもチームに優れた人材を入れなければ始まらない。また、その可能性を発見する力が必要だ。

どんなチームでも、一人の行動から動きだす。どのチームも、そうやって始まり、発展してきている。問題は、動ける人をどのようにサポートし、育てるかだ。そこに悩ましい問題が出てくる。なぜなら、この優れた部下は、必ずしも管理者を理解し、一緒に歩んでくれるとは限らないからだ。このときに管理者の役割が問われる。自分を守ろうとする管理者は、既存の役割のなかに留まり、チームを止めてしまう。反対に、それまでの役割から抜け出し悩みながら相手と行動すれば、チームが動きだす力になる。それをするのが、管理者に求められる役割だ。

⑲ 偶然が生み出すもの

❖ 一人ではできない

新年が始まり、例年のように最も忙しい時期になった。自分では仕事の抜けがないようにしているつもりだが、現実は思い通りにはいかない。そうした時に嬉しいのが、「この件はどうなっているのか、あのことについては対応しなくていいのか」と訊いてくれる人がいることだ。指摘してもらうと、仕事が増える。そのために新たに準備し、交渉することも必要となる。その瞬間は、わずらわしいと思ってしまうこともあるが、本当はありがたいことだ。言ってもらわなければ、大切なことを素通りしてしまう。

気がつくと、そうした指摘をしてくれる人が、徐々に増えつつある。仕事は一人ではできない。さまざまな人たちと協働し、支えたり、支えられながら行っている。自分がしっかりやることは当然のことだが、支えられることで組織としての力も発揮できるし、個々のその人らしさも表われてくることになる。

❖ 自分にしがみつく人

そんなことを考えていたら、昨年のソーシャルワーカーを対象としたグループ研修での一人の参加者を思い出した。

研修では最初に講義を行ったが、そのときから気になっていたのがBさんである。講義を聴いていて、彼の表情が動かない。無表情というより、動かないように、していいるという印象だった。それは、続いて行ったグループ研修においても同様だった。

多くのグループ研修で起こることだが、最初のうちはスムーズに会話を進めることをメンバーは行う。沈黙は気まずいと感じ、話を途切れないように続ける。一見すると意味のある話し合いのように見えるかもしれないが、実際にはお互いが自分の気持ちを表わさないで、グループでのよい人間関係を作り、維持しようとしているだけである。

このグループでも前記のような状態が続いたため、時々私が「話されたことに応えていない、あなたはどのように受けとめているのか」といった対応をすると、Bさんは「どうして私たちのやっていることに先生は否定的な態度をとるのですか」という顔をし、ことばにもした。あからさまに自分のことには踏み込まれたくない、見せたくないという態度だった。そうした彼の態度はグループ全体に影響し、自分の気持ちを素直に表わしたいメンバーにとっては、ぎこちない時間となっていった。一回目のときは、そんな印象が強く残って終わった。

❖自分では見えない自分の姿

半年後の二回目の研修のときに、Bさんのグループでの動きが変わった。以前のときのように自分の考えを頑なに主張するのでなく、相手の話を聴こうとし、気持ちに応えようとしていることがわかった。ところが、表情は以前と同じで、相変わらず厳しい顔つきをしていた。そのため、せっかく彼が相手に応えようと対応しても、うまく他のメンバーに伝わっていない場面が続いた。

そうした状況のなかで、私は「このグループのなかで、誰が一番相手の気持ちに応える対応をしていると感じていますか」とメンバーに問いかけてみた。すっとメンバーから出されたわけではないが、数名のメンバーから「Bさんです」という声が上がった。私も「Bさんが、できてますよね」と続けて話した。そうすると彼は「本当ですか」と言い、顔がぱっと輝いた。自分を守っていた力が抜けて、とても生き生きした表情になったのである。私は嬉しかったし、この動きで遠くにいたBさんが、近くに感じられるようになった。

Bさんは、職場では責任ある仕事をしており、援助者としてだけでなく、管理者として必要な知識や経験がある。失敗が許されないという環境のなかで、自分一人で頑張ってきたのだと思う。それ故、本人の自分を表わすことが苦手な性格も含めて、一人だけで頑張っている自分を守ろうとし、自分を見せないように表情を動かなくさせてしまったのだろう。

❖瞬時の動きが勝負

研修のなかでBさんの気持ちが動いたとき、とても素晴らしい表情になった。研修の担当者が話していたように、褒められたことがないのかもしれない。しかし、それ以上に彼の態度や醸し出しているものに対して、ほとんどの人たちが不自然さを感じていても、誰も直接的に伝えてこなかったということがあろう。今回の研修でもそうだった。それは、Bさん自身が作り出している面もあるのだが、私たちが人を大切にするときの態度にかかっている。

相手を大切にしたければ、相手に感じていることをストレートに伝えることだ。できるタイミングもある。Bさんの例で私がグループのメンバーに問いかけたのは、気づいたら取っていた行動だった。みんなが、Bさんのことをどのように感じているかを、〝今〟伝えてもらいたいと思ったからだ。その瞬時の判断から行動ができた。ここでどうしようかと考え始めると行動できなくなる。

❖ 確信を基本とした偶然性

Bさんの場合には、とっつきにくいと思っていた私から、〝できている〟と自分の態度を指摘された。その意外性もあって、嬉しさが余計にストレートに出たのであろう。その生き生きした表情は、忘れられない。

このように感じたことを伝えるという瞬時の動きは、予め考えたことではなく、偶然起こることだ。この偶然性が、人を動かし、相手を動かす力になる。この力を鍛えることで、人にかかわるための実践力が高まる。ただし、ここでいう偶然性とは、基本に人を大切にしたいという確信があって生まれているのである。

⑳ 寄り添えない相手

❖ラディカルがゆえに

昨日は久しぶりに立教大学時代の早坂（泰次郎）ゼミの同窓会があり、遅くまで語り合った。気がついたら、ゼミになっていた。そして、私たちが学んだことが、取り組んでいるフィールドは異なっていても、それぞれのなかで生かされていることがハッキリした。

私なりにことばにしてみると、その学びの基本となる大切なことは、一人ひとりの主観であり、感じるという力だ。もちろん、客観には意味がないとか、知性が役に立たないと言うのではない。そうしたことを生かすためには、主観や感性をどのように理解し、客観や知性との関係をきちんと考えることが大切なことになる。同時に、そのことは、私たちの主観や感性を磨くという課題となる。

近年の動向を振り返ってみると、さまざまな分野で質的な研究が注日され、主観をどのように捉えたらいいかが議論されてきた。そこに共通している問題は、これまで目を向けてこなかった問題にスポットを当てたのだが、その裏側にある量的な研究や客観との関係が明確にされていないことである。さらに言えば、研究の幅は広がったが、研究者や実践者の学問や対象に対する基本的態度は変わっていないことがわかる。

こうしたことが、同窓会という限られた時間のなかで確かめられ、共有されるということは、早坂先生が私たち一人ひとりに対してラディカルに問いかけたからだ。そして、それに私たちは身体で応えようとしてきた。しかし、その問いは時期としては早すぎ、また単なるブームではない根源的な問いを発する態度は、受け入れられることが限られていた。

❖ 問いから自分が生まれる

私も考えてみれば、学生時代の学びに始まり、今日にいたるまで、対人援助においてあたりまえに考え、なされていることを問いかけることを続けてきた。見方によれば、極端なこだわりがあると思われるかもしれない。しかし、「おかしい」と感じることは、やはり、きちんと疑問として示したいし、それを失くせば、自分らしくなくなってしまうだろう。

反対に、そうした自分を表わさない、あるいは、疑問を感じないという態度が一般的になっている。疑問を明確に提示すれば、波風を立たせることになり、自分の居場所がなくなってしまうと思うからだろうか。ここでも、やはり早坂先生が日本人のイデオロギーとまで呼んだ〝よい人間関係〟が根づいてしまっているのだろう。

面白いのは、同窓会の短い時間のやりとりで、いたるところからお互いに問いを発しているのが聴こえてきたことだ。これは、卒業年度は異なれ、同じ研究室で学んだことの確証であろう。また、こうした真剣な相手へのかかわりは、人間関係をギズギスさせるのではなく、本物にさせるのであり、さらにお互いを大切にする関係になることを可能とするのである。

❖相手に寄り添えない

こうやって同窓会を振り返っていると、最近の医療ソーシャルワーカー（以下、MSWとする）を対象としたグループスーパービジョンでの発見が思い出された。提出された事例は、入院している難病患者の妻への対応についてだった。医師は、治療方針を何度も説明し、家族は了解しているはずなのに、よくなると思い込んで自分の望む治療を希望してくる。ついには、セカンド・オピニオンまで要望してくるのだが、MSWからすれば、「そこまで強く思っていたのか」と戸惑い、今後の病棟や病院との関係を心配する。

このMSWは、こうした難しいクライアントに接していくためには、まずは相手の話をきちんと聴くことが大切だと、事例を作成するなかで振り返っている。そして、とっつき難い相手の話を聴くためには自分から寄り添うことを必要だと考えたのである。

今回に限らず、スーパービジョンや事例演習を行っていると、この〝相手に寄り添う〟ことがよく課題として出される。事例提供者にすれば、避けてしまいたい相手だと思ってしまうからこそ、寄り添わなければならないと思うのだろう。ところが、相手は自分にとって難しい人なのだ。そのため頭で寄り添わねばと考えても、実際にはできない。だから、スーパービジョンに事例として出されることになる。

相手に寄り添うとは、何もしなくても傍にともにいることで相手を支えることであり、自分から相手に近づいて行き、距離を縮めるというイメージになる。援助者としては、こうした行動ができれば、適切な対応ができると考えがちである。ところが、実際には、苦手な相手に自分から近づくということは簡単なことではない。したがって、とても困難なことをしようとしていることになる。

❖ 受けとめるという動き

問われているのは、寄り添うことではなく、難しい相手を受けとめる、厳密には相手とのちがいを受けとめることである。なぜなら、この事例でもそうだが、妻の方がMSWに迫ってきている。寄り添うというと、援助者の方が相手に近づくイメージになるが、こうした場合に自分から近づくと相手にぶつかってしまう。それでぶつからないように避けることをする。

どちらかというと自分から動けない人が、相手に寄り添うことを考えがちだ。そして、自分から動いて相手に近づきたいと表明している。反対に、先にも指摘したように、〈ちがい〉を受けとめるという行動が、相手に対する働きかけとなる。ただし、相手がなぜ、そうした言動をするのかを簡単には理解できない。そのため、援助者は必死になって相手と、さらには自分と向き合おうとする。この向き合って受けとめるという行動が、相手の気持ちを動かすのである。

㉑ 信念から動く勇気

❖ そのとき感じたこと

その日は、次年度の大学院研究生の面接試験をしていた。ちょうど全員の面接が終わったときに、グラリときて、だんだん強くなって止まりそうにない。一緒に面接をしていた同僚の教員に「外に出ましょう」と声をかけ、建物の外に避難した。ところが、外に出ても揺れは収まらず、余計にひどくなる感じがした。立っているのがやっとで、外にいて揺れをこんなふうに感じたのは始めてだった。英語で地震はearthquakeと表わされるが、まさしく大地（earth）が揺れる（quake）という体験だった。

その後も、何度か揺れが続き、職員や学生と一緒に学内の指定されている避難場所へ行ったが、まだ揺れは続いた。余震ではなく、連続して地震が起こっていた。

これは大変なことになったと感じ始めたが、どこが震源地かもわからずに脅えるだけだった。

やがて緊急時のために用意されていたラジオの情報からマグニチュード八・八(後に九・〇に修正)、三陸沖が震源だということがわかった。学内に残っていた学生と教職員は安全な大教室へ避難し、落ち着くのを待ったが、情報があまりないなかで不安が広がった。やがて、教室のスクリーンでテレビを観られるようになり、どんな災害が起こっているのかが視覚的にわかってきた。被災された方たちから、現在でも情報のないことへの不安が報告されている。私たちも短い時間であったが、本当にそのことを強く感じた。

その後は、交通機関がほとんど動かないということで、翌日の修士論文等の中間発表会を延期にし、帰れなくなった学生への対応に追われた。私は、数日前から体調を崩していたこともあり、バスが動いたので、夜に自宅へ帰らせてもらった。救急車のサイレンが何度も鳴り、街は異様な雰囲気だった。とにかく、こうして揺れが続くなかで、地震の初日が終わった。

❖生きているという実感

段々と被害の実態がわかってくるなかで、地震そのものもすごかったが、津波による被害が大変なものになっていることがわかってきた。未曾有の災害を体験しているのだと実感した。

私たちは、平凡な毎日を送っているとき、自分がどのように生きたらいいのか、と考える人は少ない。また、どのように死ぬのかを考える人は、ごくわずかだろう。ところが自分がガンになったり、事故によって重度の障がいを負ったとき、生きることに向き合ったり、さらに死ということを身近に感じることになる。同様に家族や身近な人に、そうした危機が生じたときにも思うだろう。さらに、今回の東日本大震災による被災地の壊滅的な被害に遭遇したとき、直接に被災された人たちだけでなく、多くの日本人が、普段あたりまえにしている生の大切さに気づくことになった。こうやって考えてみれば、実は世界では常に災害や戦争によって生と死に向き合っている人たちがたくさんいるのだという事実に、改めて向き合わざるを得ないことになる。

他方で、数日の間は気持ちが落ち着かなくて、何も集中して手をつけられなかった。こうしたなかで、自分のできることを自問自答するなかで、〝できることをする〟というのが、自分が生きていることを大切にすることだと感じ、実際に行動を始めた。

❖区切りをつける

すぐに大学として決定しなければならないのが、卒業式をどうするかだ。私の場合は、大学院研究科長のため、大学院生に対する学位記授与をどうするかということがある。結論として式は中止ということになったが、修了する学生に対して区切り、をつけてあげたいという気持ちが私には強くあった。また、地震発生後の数日間に大学院事務室に寄せられた修了生、在学生の声も聴いていた。

個々の学生の感じていることは、「今、こういう事態のときに卒業式やパーティをしていいのか」「卒業式よりも何ができるかを話し合うことが大切なのでは」「こんなときだからこそ、きちんと区切りとして行うことに意味があるのでは」という具合にさまざまだった。共通していることは彼女たちの気持ちが動いていると、私に伝わってきたことだ。この気持ちが嬉しかったし、それに応える責任があると感じた。そのため、安全の確保や交通機関の状況も踏まえながら、きちんと学位記を授与して区切りをつけ、新たなスタートをしてもらいたいと会議の場でも伝え、実際にほぼ全員に各専攻主任から手渡すことができた。

❖信念をもつ勇気

この期間の企業や学校等の対応を見ていると、被災地の人たちのことを考え、予定されているイベントを中止するところが多い。〝自粛〟ということばで表現されているが、発生直後は別として、二週間以上たった今の状況を踏まえて、それですべてを済ましていいのかと、率直に感じている。後からの評価を考え過ぎ、社会からどのように見られるかに過敏になり過ぎているのではと思う。

安全を確保して物事を進めることは当然だが、他方でこういうときこそ、自分たちが大切にしたいことをできるかが問われている。そのために根拠のない信念では困るが、フロムが言うように「理にかなった信念は、大多数の意見とは無関係な、自分自身の生産的な観察と思考とに基づいた、他の一切から独立した確信に根ざしている」(『愛するということ』紀伊國屋書店)のである。

先の不透明ななかで決断をするにはリスクが伴う。リスクに対する検討は必要だが、同時にどのように決断するかだ。先のことを完全にわかる人はいない。フロムが言うように信念は、真の可能性を知ることであり、未来をはらむ現在の洞察なのである。

㉒ 対話を妨げるもの

❖ 今できること

ゴールデンウイークが終わり、夏休みまで延々と授業が続く、一年で一番長い時期を今年も迎えた。ここでも、今年は例年とは異なる。暑くなったら、節電によっていつまで授業ができるかを念頭において進めなければならない。臨機応変な試験の方法などを考えることも必要となっている。落ち着いて授業ができない気持ちになりそうだが、こんなときこそ、すべきことを淡々とするしかない。

他方で、気がついてみると例年の研修も始まり、一つひとつを新しい気持ちで実施できている。この同じことをしていても、新しい発見ができること、未知ではなく、〝既知への問い〟が生まれてくることが嬉しい。ただし、そのためにも、昨年度までのことにケリをつけることが必要だった。三月の研修を先送りにしたことで、終わりを迎えられなかったものを四月に完了し、その後に玉突きで四月以降の遅れたスケジュールを何とか五月で実施した。

大上段に構えなくても、こうやって一つひとつのことを行っていくと、やらねばならないことが出てき、また、見えてくる。この問われたことに、具体的な行動で応えることが、いつでも私たちに問われている。震災が、そのことを私たちに突きつけているように感じる。

❖経験と利用

この小見出しは、根源語（我—汝、我—それ）から人間のあり方を問いかけた哲学者ブーバー（M.Buber『対話的原理Ⅰ』みすず書房）のことばだが、次に紹介するあるソーシャルワーカーの研修では、経験と利用への態度が問われることになった。

この研修は、十名弱のメンバーで、グループ臨床を何回か行い、〝ともにいる〟という臨床的な態度を体験的に学ぶことを目的としている。

最初に、私は対人援助の基礎を確認する講義を行った。特に、聴く態度の大切さは、相手を受けとめることにあり、援助者が一人で行うのではなく、相手と対話できる関係になることだと具体的な例から示した。

グループが進んでいくと、自分の人にかかわる課題を話すメンバーが出てきた。他のメンバーは、その話を聴いて対応しようとするのだが、自分の経験からアドバイスをするだけで、相手を受けとめることができない。経験をたくさん積んでいるメンバーほど、より蓄えた知識を使うことで、自分のことを話すだけになってしまう。相手に応答できないのだが、そのことを指摘する人が出てこない。そのため、何度かトレーナーである私の方から、グループのメンバーに問いかけを行っていった。

参加メンバーは、素直な人たちが多く、私のかかわりに戸惑いを覚えながらも、なぜ、私が問いかけるかをわかろうとしてくれた。その結果、数人のメンバーは、きちんと相手を受けとめる応答ができていないことに気づくのだが、自分から相手に伝えることができない。そのため、モヤモヤしているメンバーが出てきた。

ちょうどそんなとき、まだソーシャルワーカーとして経験が一年未満のAさんが自分のことを話し始めた。経験の多いメンバーに囲まれて、生活経験は長いが、ソーシャルワーカーとしては新人のAさんは、経験の少ないことを気にしていたが、どのタイミングでそのことを話そうかと考えていたようだ。自分が自信をもって仕事ができるように勉強してきなさいと職場から送り出されて来たこと、そのため、経験の多い先輩たちから学ぶことで、いろいろと知識を吸収し、実践に役立てようとしていることを話してくれた。

経験を積むことは、新人のAさんにとって魅力的な学びで、自分にはないものを先輩たちから得、自身の実践に役立たせたいと思っている。つまり、経験を増やして利用することで、援助者として自信をもって仕事ができるようになり、自分を高められると考えていることがわかる。また、こうした考えは、Aさんに限らず、多くの人がもっているのだろう。

❖関係能力を高める

経験のない人は、自分もたくさん欲しいと望み、それを使うことで実践に役立てたいと思う。また、先に紹介したように、経験のたくさんある人は、それを使うことで仕事をし、研修では話し合いをしている。しかし、そうすることで相手の気持ちを聴く、受けとめることができず、ともにいるという臨床的な態度をとることができなくなる。そのために対話できる関係が生まれない。

ブーバーは「経験し利用する能力の向上はたいていの場合、人間の関係能力の低下と引きかえに起こる」（前掲書）と警告する。なぜなら、〝今、ここで〟の一回性のなかで、自分を賭けて相手や自分と向き合おうとせず、経験の利用で楽をして、サボっているからだ。怖いのは、ブーバーが言うように、直接的な経験を間接的な経験、知識の獲得に取り替え、利用をさらに専門化された〝運用〟へと簡略化し、私たちの精神にとって障がいとなることだ。

❖対話的な関係

Ａさんは経験を求めていたが、皮肉なことに経験がなければ利用はできないが、先輩たちはあることで対話ができなくなる。そのために、一回ごとの経験をどのようにするのか、また、その積み重ねることへの態度が問われている。

援助者が傾聴する態度で自己満足をするのではなく、関係的能力を高めれば相手に応答し、対話できる関係が生まれる。この対話がもたらす可能性は、とても魅力的だ。ともにいる関係のなかで、素通りしてしまうことが確認され、わかろうともしなかったことが、わかる。そのとき、援助者は必要な役割を実践できるのだ。

㉓ 対話を妨げるもの（続）

❖ 小さな楽しみ

例年のように五月中旬から土曜休みが無い状態が続いている。それでも、何とか日曜日があるのでもっている。こんなときにちょっとした時間を見つけて、気分転換のために、ジョギングをし、映画を観る。家から歩いていける映画館が閉館となり、寂しくなったが、関連する小映画館が都内の単館上映ものを数ヵ月遅れで上映してくれている。先日、『神々と男たち』という、アルジェリアが舞台となっているフランス人修道士たちの生きざまを描いた作品を観ることができた。

ストーリーとしては、最終的に彼らは、イスラム過激派のグループに誘拐・殺害されるという実話に基づいているのだが、私が印象に残っているのは七名の修道士が話し合いを行うシーンである。

イスラム過激派のテロで治安が悪化するなかで、彼らは「アルジェリアに留まるべきか、それとも身の安全のためにフランスへ帰るか」を決断しなければならない。話し合いのなかで激しいやりとりはないのだが、独白的な話し方から話し合いを重ねるごとにお互いの気持ちを受けとめる態度に変わってくる。最終的に、留まるというグループの決断をするのだが、かたちとしては誘拐、殺害という最悪のケースを招いてしまう。

たまたま前回が「対話」について書いていたので、この映画に触発されて、もう少し考えてみたくなった。これも私の小さな発見、楽しみでもある。

❖グループの力

この時期に私は、いつも映画『十二人の怒れる男』を使った授業や研修を行っている。こちらは、ヘンリー・フォンダ（Henry Fonda）を中心に十二名の陪審員が、父親殺しの容疑で起訴された十七歳の少年が「有罪か、無罪か」を決めるために、激しいやり取りが行われるものである。もし有罪が決定すれば、少年は死刑になるというのが前提になっている。

この映画を観ると、話し合いのなかで個々のメンバーが、自分の考えを主張することで激論になることに驚くが、そうしたなかでメンバーの個別性がハッキリしてくる。さらに興味深いのは、グループの力なのだが、大声で怒鳴りまくる人を黙らせるには、大声で反論をするのではなく、沈黙で応えるというところである。特に、被告の青年の生い立ちから、被告のことを〝社会に不要な人間〟という一方的な決めつけの演説をするメンバーに対して、他のメンバーが黙って背中を向け、「聴かない、受け入れられない」と身体で表わすシーンはとても印象的だ。みんなが、そうした態度をとることで、吠えまくっていた男は黙り、力を失って座り込んでしまう。

看護学部の学生にとっては、二年生になってグループで学ぶことが多いため、インパクトがあるようだ。特に〝グループで学ぶことの難しさ〟を感じている人には、自分の行っていることが問われる機会になっている。たとえば、「他のメンバーの考えがわからなくても、確認をしないで済ませている」「自分はちがう考えなのに、みんなが頷いているので黙っている」といったような普段の態度だ。それでは自分の学びにならないことに気づき、「何とかしたい」と気持ちが動き出しているメンバーが出てくることが嬉しい。

沈黙についても、これまでは嫌なものとして避けていた。そのため、誰かが話して欲しいと思っていたのが、グループになっていくプロセスには必要なことだとわかり、相手と共有することもできるのだと気づいてくれたレポートもあった。

❖目的に縛られない

先に紹介した『神々と男たち』と『十二人の怒れる男』は、グループでの話し合いのやりとりが大きく異なる。前者は七人が自分の考えを話し、気持ちが伝えられるようになって行く。内にあるものは熱いのだが、表現する態度は淡々としている。後者の激論とは大きく違う。また、後者の場合は、全編が討論の場面だが、前者は限られた場面だけである。

共通していることは、『神々～』では、「フランスに引きあげるか、留まるか」を、『十二人～』では「有罪か、無罪か」を決めるというように、二つの選択肢から一つの答えを出すという〈目的〉があることだ。前者には自分たちの、後者には一人の若者の生命がかかっている。

その大事な決定をするために話し合うのだが、興味深いことに話し合いを行っていくと、答えを出すという〈目的〉が忘れられていく。正確に表現すれば、気にならなくなる。話し合いで集中して行われていることは、自分の考えや気持ちを伝えること、相手のことをわかりたいと気持ちが動くことなどである。その結果として、みんなが納得できる答えを出すことができたのである。

グループの話し合いにおいて、このように自分を開いて相手を受けとめるという応答ができるようになる。対話が生まれると、メンバーは生き生きとしてくる。目的至上主義の態度が、対話を妨げていることがわかろう。その克服には、私たちが生き生きとすることで成長できるということへの共通の理解が必要となる。

❖人間の開発

対話的な関係ができることで、素通りしてしまうことが確認されたり、わかろうともしなかったことがわかることが起こる。十二人の怒れる男においては、少年の無罪が決定するプロセスとは、まさにそうした場面の連続である。ブーバーは対話がもたらす可能性を「人間の間柄は、さもなければ未開発に終わるものを開発する」（『対話的原理Ⅱ』みすず書房）と指摘する。この人間を開発するということが、対話によって生まれる。それを可能とするのは予測できない対話に私たちが自分を賭けることができるかである。

㉔　チームになる

❖ 気がつくと秋

九月も下旬になると、夏から一気に秋本番というように涼しくなった。年々季節の変わり目が短くなり、徐々に秋が深まるという感覚はない。段々と気候が亜熱帯化しているとも言われているが、暑いか、寒いかという具合に二分化してしまい、移行を感じる期間がなくなってしまった。

こうした感覚が、仕事にも影響している。夏休み明けの秋の仕事に向け準備をする暇もなく、後学期のさまざまな教育、イベント、研修などが動き出してしまうからだ。もっとも、すでに夏休みは存在せず、サマーシーズンに、他の時期とは異なる教育や研修を行うようになってしまった。そのため、次のことに切り替えるための節目をうまく作れなくなっている。

怖いのは、ズルズル行くことで緊張感をなくしてしまうことだ。毎年行うことを、きちんと一回性を大切にして行っているかは、自分のかかわる人たちを常に尊敬してできているかでハッキリする。この「一回性にきちんと応えよう」とすると、何回目でも不安になる。しかし、この不安に向き合うことが、緊張のなかで誠実に相手と向き合うことを可能としてくれる。このように振り返ってみると、どうやら、自分で区切りをつけてやっていくしかないようだ。

❖ 何のための調整か

何とか時間を作り出して、サマーシーズンに幾つかの研修を行った。印象に残っていることは、〈チーム作り〉というテーマだ。一つには、同じ組織のなかでチームになること、一般的なものは職場内でのチーム作りがある。看護管理者を対象とした研修で、毎年行っていることだが、研修後のレポートを読んでいて、共通した課題が少し見えてきた。

以前の参加者は、リーダーシップを、「統率する、指導する、方向づける」というように管理者の一方的な働きかけと理解している人たちが多かった。しかし、最近では段々と減少し、「働きやすい環境作りとそのための調整」をあげる人が多くなっている。一見するとソフトになって、一方的に働きかけるというイメージから変わったように思えるが、実際はどうなのだろうか。

レポートにおける管理の考え、提示されている事例などを読んでいくと、基本的なスタンスは変わっていないことがわかる。なぜなら、共通して根底に、組織を優先する発想があるからだ。事例で多くとりあげられているのが、難しい部下への対応である。その取り組みの理由は、他のスタッフに与える影響を避け、働きやすい環境を作り、維持するためだとされている。何のために〝調整をする〟という考えを持っているかが、こうした根底にあることからハッキリする。

結果的に難しい部下への対応は、多くの事例でうまくいっていない。その最大の理由は、管理者として組織から期待される役割に応えるために、頭で対策を考え、それに基づいた対応ばかりをしているからだ。部下を大切にしたい気持ちがあれば、対応のなかで気持ちが動くのだが、それが抜け落ちている。組織のための環境保持という発想に縛られて自分を守るのではなく、相手を大事にするには感じていることを伝えられるようになることが必要だ。調整をすることで、職場で課題を明確化、共有化させず、管理者自身の感性を鈍らせることが起こっている。

❖解決策を持ちたい

もう一つが、管理職の役割を担っている人たち同士がチーム作りをするというテーマである。こちらでは、組織の中で管理職同士がお互いを理解し、担当部署は異なっていても、仕事を進めていく上で、また人を育てるために大切にしたいことを共有化できるかがポイントになる。

ある病院の管理職を対象としたグループ臨床の研修を行っていたとき、メンバーのAさんから、次のような発言があった。

これまでの自分の部下に対するかかわりを考えると、相談された問題に対して、アドバイスをし、解決策を考えることだけをしていた。相手がどんな気持ちでいるのかを確認することもなく、また、自分の気持ちを伝えるということもしていなかった。そうやっていれば、目的の達成に向けて仕事はそれなりに進むし、相手との人間関係にも煩わされることなく、スムーズに行くと思っていた。

ところが、この研修に参加していると、これまでの自分の姿に疑問を感じるようになった。一言で言うと、〈対話〉ができていないことになるのだが、これからは部下と、さらには管理者同士で対話していかなければならないとわかり、ぜひ、やってみたいと考えている。

❖弱い自分を見せる

この発言に対して、他のメンバーがどのように受けとめ、返していくのかを待っていたが、誰も動けなかった。そのため、応答したのはトレーナーの私だった。問題を見つけ、解決策もわかったとAさんは言っているのだが、今のままでは「できない」と思うと、私はストレートに伝えた。なぜなら、対話をするには、できない自分を見せ、悩んだり、困ったりすることが必要になる。そのプロセスが大切なのだが、いきなり結果だけが出されてしまった。そのため、〈今・ここで〉、Aさんが弱い自分を表わせることが、私たちに行動を確信させることになるのだが、それができていないからだ。

Aさんからは、私の発言に対して「ドキッ」としたという感想が返ってきた。そして、本気になって取り組む決心が伝わってきた。その瞬間とは、何人かのメンバーが頷くと同時に、Aさんに対して感じたことを伝えられない自分の弱さを感じたときだった。また、それを感想として表わすことで、チームとして人を育てる個々の課題の共有化が始まった。

㉕ 動いている

❖ 緊張の一ヵ月

十月は長かった。今までにない、一ヵ月となった。初旬は、本学で日本社会福祉学会第五十九回秋季大会が二日間にわたって開催された。私は実行委員長の役割を仰せつかったが、事務局長のS先生の猛烈な働きと教職員のチームワークと学生の笑顔に支えられ、何とか無事に開催することができた。

続いて、下旬は七年ぶりの大学基準協会による本学への実地調査だった。こちらも二日間にわたり事前に提出した報告書に基づき、全体会や分科会において五名のサーベーヤーからの聞き取りとディスカッションが行われた。

以前と調査方法は大きく異なり、予め自分たちが達成すべき目標を明確にし、それらがPDCAサイクルのなかで実施できているかという視点から評価される。したがって、各大学の教育運営にかかわる自己責任が、より明確に問われることになった。

私が研究科長を担当している大学院総合福祉研究科も、幾つかの課題が明確になった。今後は、その課題を基にして新たなスタートが切れるかが、ポイントになる。

こうやって、一つだけでも大変なのに二つの大きなイベントを一ヵ月の間に対処することができた。そして、怒涛の一ヵ月は終わった。普段にはない緊張の連続ではあったが、振り返れば、とにかく一回一回を大切にするという態度で臨んだからこそできたのであろう。

❖相手を受けとめる

他方で日常の教育、研修活動は続いている。むしろ、それらがあるからこそ、一ヵ月のなかで難しいことができたのだと思う。卒業演習での四年生とのディスカッション、対人援助グループでの対話の中で、参加者がいろいろと気づいてくれることがあった。

緊張のなかで朝早く目覚めれば、早朝のジョギングを行った。何だか一日の長さが二倍あるように感じることもあったが、寝るときはあっという間に寝てしまった。

こうしたスケジュールの都合から、本来なら九月に終了予定の対人援助グループを十月に延期して最終回を行った。十二名のメンバーで、圧倒的に女性が多いのだが、その中にユニークな男性メンバーが二人いた。彼らは、完全にスッキリしたとは言えないが、以下に紹介するように相手と向き合わないと、人と一緒に行えないということを気づいてくれた。

その一人のAさんは、相手の話を聴くと、どうしても自分の考えていることを話してしまう。正確には、考えないと相手にことばを返せないようだ。そのため、自分が感じていることをそのまま相手に伝えることができない。また、考えていることを話し始めるため、話が止まらなくなってしまう。それは普段の生活の中で行っていることなのだが、研修の中で凝縮して表われることになった。

研修が進む中でAさんは、自分の課題を頭で理解できるのだが、行動として修正することはできない。最初は、他のメンバーもAさんが熱心に話しているのだから聴かねばならないと思っていたが、徐々にAさんに今の気持ちを伝え始める。しかし、伝わらずにイライラは募るのだが、なかなかAさんと向き合うことができない。何回かのしんどいやりとりから、こうした一面を含めたAさんを受けとめられるようになる。そうしたなかで、気になるときに相手に伝えればいいのであって、Aさんにすべてのことをわかってもらったり、変わってもらわなくてもいいと受けとめられるようになった。

❖ リセットできない

もう一人の男性Bさんがいた。彼の方は、感じていることが顔に表われ、わかりやすい。ところが、スーッとわかっていくかというと、そうではない。必ず後から逆のことが出てくる。

たとえば、「このグループは私には特別な場所で、ありのままの自分を出せるが、普段の生活の中ではできない」と言うのだが、続いて「実際にはここでも遠慮している」と発言する。したがって、このグループでも自分を表わせていないことになる。そして、できない理由を滔々と語るのである。

そうしたBさんの言動を気にするあるメンバーからは「もういいです、結構です」とストップサインが出される。何度も同じことが繰り返されたのだが、この点も面白い。先のAさんには、他のメンバーは困った気持ちをすぐに表わさなかったが、Bさんには表わした。それは、Bさんが自分から「これまでの人生をリセットしたい」と言うことで、自分の中から出てきて、人に自分を見せようとしているからだと感じた。

問題は、このリセットという発想だ。彼の親分肌を感じさせる雰囲気は、長い間、組織で部長として部下に接してきて、相手を大切にしようとして身についたものであろう。もし、自分をリセットすれば、そうした自分らしさもすべて捨てることになる。私は、「リセットはできませんよ、反対にこれまでの自分を大切にすることを、今学んでいるんですよ」と伝えた。Bさんも大きくうなずいてくれた。

❖動き出す

こうやってグループ研修を行っていると、メンバーが動き出す。気がつくと自分の世界から出て行き、相手とともにいることを行おうとしている。そのことは、とても大きな効果をもたらす。たとえば、一人の参加メンバーから研修が終わった数日後に、手紙をもらった。これまで相談職として相手の話を聴いて、直接的に「あなたに相談してよかった」と言われたことがなかったのだが、今回驚いたことに二人から言われたそうだ。彼女は研修で気持ちが動くようになったのだが、今の自分を使えることが、人にかかわる力を向上させることを表わしている。そうした基本的な態度を磨くことから、ケアは生まれ続けるのである。

㉖ 面白い仕事

❖ 仕事ではない

十一月二十三日勤労感謝の日は、朝から秋晴れのさわやかな一日となった。このところ、土・日にもなかった自由になる時間を持てた。午前中は〝千葉いのちの電話〟で十二名のメンバーと継続中の〈基礎力開発研修〉を二時間行った。

この研修は今年で三年目になるが、半年を一クールとして十二名のメンバーで対人援助を行う基礎力を開発することを目的としている。当初は、ステップアップ研修と呼んでいたが、本年度から内容を的確に表わすには「基礎力開発」がいいと判断し、この名称に変更して今回で六期生となった。

行っていることは、フランクルの『それでも人生にイエスと言う（春秋社）』を読み、人間をどのように理解するかという中に、援助する態度が表われていることを学んでいる。また、同時にそのことを、グループ体験を通して体験学習するという、欲張りなことをしている。

開始までの時間に雑談をしていると、あるメンバーから「休みの日なのに先生は仕事で大変ですね」と言われた。私は、即座に「いいえ、仕事だとは思っていませんよ」と返答した。自分の好きなことをしている時間だが、これまで仕事なのかを明確にしたことがなかったことに気づいた。改めて問われたことで、「仕事ではない」ということがハッキリした。

仕事だから「やらねばならない」のか、「自分からやりたくなる」のか、動機の大きな差になる。これは、「仕事か、そうでないか」だけではなく、仕事をするときの態度としても表われることになる。

❖ 細分化される専門性

先月号でも紹介したが、十月に本学で日本社会福祉学会秋季大会が開催された。

そのときの開催校企画シンポジウムを、〈ソーシャルワーク教育における実践力養成とは―医学・看護学・社会福祉学における基礎と臨床教育〉というテーマで行った。ソーシャルワーク教育の中だけで議論するのではなく、隣接し、また先行している医学や看護の教育から学ぼうと企画したものだった。

詳細は紹介できないが、医学教育から発言してくれた千葉大学医学部附属病院の生坂先生の話が印象に残っている。先生は、総合診療部教授をされているが、ご自身の現在に至るまでの経緯を含めて、「専門がごく限られたことに焦点を当てることによって作られ、認められる」ことが一般的になっている現状をわかりやすく、鋭く問いかけた。そのことは、専門職の専門性とは、何のためにあるかという投げかけであった。

本来は、サービスの利用者である患者さんに役立つことで専門性が成り立つはずなのに、どんなことができれば、より専門医として認められるかという専門職のための発想では、自分たちのための専門性になってしまう。医学教育だけでなく、同様のことが、看護や社会福祉教育においても共通した課題となっている。

❖何が起こるかわからない

その数日後のことである。研修で行ったある県の看護協会で、某看護大学の地域看護の先生と話をする機会があった。先のシンポジウムを紹介すると、とても興味深いことを教えてくれた。現場では、訪問看護師のなり手が少なくて困っているとのことだ。その理由は、在宅の看護では「何が起こるかわからないので怖い」からだということだった。

ここにも、先の細分化された専門性が見える。病院のある科や病棟のなかで働くことにより、一つの看護領域について実践を積んでいく。そうすることで専門性は高まり、その分野については自信をもって実践できる。また、何かあれば助けてくれるスタッフも医療機器も備わっている。

反対に、在宅では、何が起こるかがわからない。そのため、一人で看護を行うことは不安であり、できないという思いを抱いている人が多いことがわかった。もちろん、傍に自分を助けてくれる人はいないと考えている。

ここに専門性に対する考え、仕事に対する態度がハッキリ表われる。何が起こるかを予想でき、マニュアル的に仕事ができることを望むのか、それとも仕事は毎日、何が起こるかわからないが、だからこそいろいろなことにチャレンジできて面白いと考えるかの違いである。私は後者だと思って仕事をし、生きてきた。そのことにより、たくさんの人たちと出会うことができ、いろいろな発見があった。どうも多くの人たちの発想は、安定や確実性を求めているようだ。

先に示した訪問看護の現状とは、三十年前に私が現場で体験したときとは大きく異なる。当時、私が勤務していた東京白十字病院には、日本中から訪問看護の研修に人が訪れ、また訪問看護をしたくて就職してきた。それが、すっかり変わってしまったようだ。

❖仕事が面白い

専門的に仕事をする、あるいは専門職として自分を高めることを、本人が面白く感じられないと仕事は続けられないだろう。この面白さ、あるいは冒険を楽しめることは、フランクルのことばを借りれば、「人を動かす理由になる」と私は確信している。実践現場で簡単にはできない、難しい課題にチャレンジする研修の受講者に、伝えたいことの核心がここにある。

この難しい課題に取り組んでいくには、細分化された専門性の中で自己満足をするのではなく、必要なサービスを提供できるように自分が動くことができるかだ。そのためには、専門性を支える基礎力を開発し続けることが必要となる。ただし、ここで言う基礎とは、単に入門編や初心者向けのものを指すのでなく、根源的な（radical）問いとなり、実践する人の原点をハッキリさせることを要求するのである。

Ⅲ 大きく育つ

㉗ 未完であること

❖ 楽にはいかないスタート

一月の末の日曜日になった。今年の社会医療ニュース最初の原稿を書く日である。この一ヵ月は、例年のことだが一番の多忙なときだ。授業の終結、試験の実施、採点をして評価する、卒論の口述諮問等という一連の仕事がある。併せて、私の場合には、大学院研究科長として今年度内にしなければならないこと、さらに、さまざま実習報告書の作成などがある。次年度のシラバス提出のタイムリミットも迫っている。その後は、修士論文の審査が待っている。

こんな仕事をしていると、一月はとても長く感じる。何かもう半年分ぐらい仕事をした気分になっている。しかし、実際には一月の末である。この一ヵ月を改めて振り返ると、忘れられないのが大学入試センター試験のことである。

❖ 緊張して臨む

始めから嫌な予感がしていた。というのは、予定外の英語リスニングの試験監督になったからだ。リスニング試験では、個々の受験生が問題を聞くための機器を配り、それを使って試験が行われる。監督者が、どんなに注意をしても、機器のトラブルだけは仕方がない。それが発生しないことを願っていたが、本学においては私たちの試験室においてのみ一件発生し、再開テストとなった。

誤解のないようにしたいが、報道されているような機器の数が足らなかったとか試験問題の配布がされなかったといったようなミスがあったわけではない。すべては、きちんと進めていたのだが、あくまでも機器のトラブルである。

どんなに注意して行っても、人間のすることに〝誤りは避けられない〟ことは、最近よく報告されている。したがって、避けるための方策を考えることと、起こったときの対応が研究されている。もちろん、今回のように、機器にトラブルが生じることがある。そのとき、やはり、私たち人間の対応が問われることになる。

最初から教員三名、職員二名のチームとして緊張して臨んでいたのがよかった。受験者から手が上がったときも、職員は定められた用紙を使って受験生とやりとりし、冷静な対応をすることができた。再開テストもマニュアルに従って無事に終えたが、やはり受験生にとっては精神的に厳しいものになったはずだ。彼が二日目の試験に、よいモチベーションをもって受験できることを願って、私たちは試験室を出てきた。

年に一回の大学入試センター試験の監督は、何年やっても緊張する。しかし、この緊張のなかで行うことで、間違いは起こりにくくなるはずである。報道されているような受験生に大きな影響を与えた誤りは、システムにも問題はあろうが、やはり、この緊張感のもち方が大きく影響しているはずだ。同時に、この入試に限らず、対人援助の仕事におけるクライアントやチームのメンバーとの緊張した関係を考えるキッカケとなった。

❖緊張を生み出す関係

ある事例検討において明らかになった課題である。二次救急病院に勤務するソーシャルワーカーが退院援助を医師から依頼されて進めていく。自宅に戻るためには医療ケアと介護が必要だが、パートナーも病気で療養中のため難しい。転院するには、経済的な負担のために困難である。そのため、退院援助は進んでいかないのだが、医師を始めとしてチームとしての焦りがない。現実に進めようがないとみんなが理解し、チームで仕方がないこととしている。

一般的に考えると、こうした場合にソーシャルワーカーにプレッシャーがかかったり、あるいは、ソーシャルワーカーが自分から何とかしなければと動き出すことが多い。ところが、この事例の病院では、チームでお互いの役割を理解し合い、相手の役割に踏み込まないようにしているようだ。その結果、この状態は誰のせいでもなく、困った事態とみなされ、放置に近い状態になっている。

ソーシャルワーカーも疑問は感じているのだが、なぜだかハッキリしない。ここに欠けているのは、緊張した関係である。自分の役割の殻に止まらず、必要なことをしていこうとすればチームのメンバー間に緊張が生まれる。この緊張関係のなかで、お互いのその都度の役割がハッキリし、それができているかが問われることになる。反対に、殻の中に止まり、一見するとお互いを尊重する関係、よい関係を維持していくことは、チームを停滞させる。そうならないためには、緊張を生み出す関係が不可欠だとわかろう。

❖未完がもたらすこと

チームで仕事を長年行っていると、「チームになっている」と思いがちである。特にチーム内で円滑な関係が続けられていれば、そう考えて不思議ではない。また、先の大学センター入試でも、何年もやっていれば、自分はやり方が「わかっている」と思ってしまう。その結果、入試のための一回だけのチームになることの難しさが忘れられ、業務が進められる。

多くの人たちは、ものごとを機能的に進めるために、完成させることを望む。なぜなら、出来あがっていれば安定し、落ち着いていられるからだ。しかし、怖いのは、できると思っていることで、緊張した関係でなくなることだ。そこから、誤りが起こる。

こうした態度とは、自分のこと、チームのことを絶対視していることの表われである。そのことにより、「今」を手抜きしてしまう。逆に、自分やチームの姿を絶対視しないことは、私たちが永遠に未完であることを確信することである。未完であることは、不安をもたらす。しかし、不安のなかで、緊張した関係で行動することで、〈今〉を大切にできる。人生が未完結ということが、私たちの〈今〉の生きざまを問いかけているのである。

㉘ 隣人になる

❖ 日常に埋没しない

毎月のことだが、月末になってこの連載を書こうとすると、「ああ今月も忙しかった」と思ってしまう。一年間のサイクルの中で、そのときやらねばならないことをきちんとすることは当然だが、年々ときつくなっているのも確かである。

期限付きの仕事に追われていると、時々その流れから外れたくなる。不思議なことに、忙しいときほど観る映画の本数が増え、歌舞伎にも行っている。また、目の前の仕事とは直接に関係のない、大好きなハードボイルドの本を読んでいる。普段なかなか会えない人と食事をする機会ができる。

こうやって日常の仕事から外れることが、新たな刺激となる。そして、こうした時間が、とても大切だと気づいた。共通していることは、特別な目的がないことだ。観ること、読むこと、会えることを楽しくてやっている。そうしたなかで、思わぬことに気づいたり、行動したりしたくなる。仕事に追われ閉塞している〈今〉から、未来へと時間が開かれるように感じられるときである。

❖ケアの手段とされる家族

この時期は、一年間の継続して行っている研修が終わりを迎える。グループスーパービジョンや事例検討においても、事例へ集中的に取り組んでいる。提出される事例は、簡単には行かないものばかりなのだが、なかでもクライアントの〈家族〉がポイントになるものが続いている。そして、この家族へのアプローチに、私はケアの課題となることが見えてきた。

事例に共通していることは、家族は医療スタッフから医療的処置を含めて介護者としての役割を果たせるか、という視点で見られる。また、ソーシャルワーカーからは、キイパーソンとして相談できる相手、また、中心となって動いてもらえるのかという観点から、その役割が期待される。つまり、家族は、専門職がケアを行ううえでの手段として見られている。

具体な事例をあげれば、それまで頑張ってＡＬＳの夫を介護してきた妻が、病状の進行に伴う夫の変容（人工呼吸器の装着）が受け入れられず不安になり、お金のことばかり気にして夫の世話をできなくなった。こうした場合に、誰をキイパーソンとしてケアを進めればいいかが検討され、見つからないから難しい事例とされる。その際に、家族や関係者にキイパーソンとなれる人はいないのか。さらに、妻の現在の精神状態に対して精神科医による専門の診断を受けることが必要なのではないか、といったことが事例検討では提案される。ところが、実際には血縁のある家族といっても、これまでまったく付き合いがなく、突然にお願いしても協力してもらえない。この夫婦に対して、近隣の人がこれまでも多大な協力をしてくれているのだが、それ以上の協力が得られるのか。さらに、人を拒んでいる状況のなかで、妻に精神科を受診してもらうことは難しいということがわかる。

ここで確認しなければならないことは、ケアを進めていく上で戦力として家族を考えているということだ。ところが、この事例で言えば、これまで妻は頑張ってきたのであり、受け入れられない現実に当惑しているのである。したがって、必要なことは、私たちが妻のこと、その生活で困っていることを理解することである。ところが、したくないこと、難しいことを夫のケアのためにやってくれと期待されているのである。

❖家族は苦しんでいる

クライアント本人は、難病のために死を目の前にして苦しんでいるのだが、家族も同様に辛い思いをしている。そのことを誰かにわかって欲しいし、苦悩することで自分が大切にしたいことをハッキリさせられる。そのチャンスを作ることができるかが、援助者は問われている。

家族をわかろうとすると、その生き様や生活が見えてくる。たとえば、妻は、当然だが、夫を埋解したいし、世話もして家庭のことをきちんと行って行きたい。ところが、これまで家族の生活の主要な決定をしてくれた夫ができなくなり、自分はどうしたらいいのか決められない。妻の不安な気持ちとは、こうした生活の困難さから生まれていることがわかる。そのことを援助者が受けとめる、聴けることからケアが始まる。

家族をケア推進のための中心人物として位置づけるのではなく、相手も苦しんでいる人だと理解することで、そのことがケアになっていく。結果として、家族も自分が何を大切にしたらいいのかがわかり、夫に対して必要な行動もできるようになる。このように、相手をわかる、あるいは、わかろうとすること、それ自体がケアとなる。ただし、そのためには専門職は、何かをしなければいけないという誘惑に打ち勝つことが必要である。

❖隣人になる

困っている人を前にして、本当はその人が最もケアを必要としているのに、難しい、どうしたらいいのかわからないとされ、放置されることが起こる。それは、ケアの対象として専門的に考えるからである。大切なことは、私たちの気持ちが動いて、行動できるかである。そのとき、何かを提供するのではなく、援助者が自分を使えるかが問われている。

ここで求められる行動とは、何かをするのではなく、相手をわかろうと気持ちが動き隣人になることだ。宗教哲学者の谷口隆之助が言うように、隣人とは近くに住んでいる人だけを指しているのではなく、「いつでも、どこでも私たちがじかに出会い、自分の援助を最も必要としている人こそ隣人に他ならない」(『聖書の人生論』川島書店)のである。それをすることが、相手を愛することであり、人を愛せる援助職なのである。

㉙ 大きく育つ

❖ 続けられること

学部の卒業式と大学院の修了式が無事に終わった。年間行事としては、実行できてあたりまえだが、大学院の修了パーティの終わりに、このあたりまえのことができる喜びを改めて感じた。

昨年は、東日本大震災によって卒業式ができなかった。そのため、どうしてもスッキリしないものが残った。みんなで卒業や修了という区切りの機会を共有し、きちんと別れることを行い、新しいスタートをすることができなかったからだ。私たち教職員は、やはり三月に卒業生を送り出し、四月に新入生を迎える、このあたりまえのことを続けられることが幸せなのだと思った。

その後の二週間は、継続して行ってきたスーパービジョンなどのグループ研修の最終回を行った。研修ごとにいろいろなプロセスを辿っているが、最後に個々の参加者の課題が明らかになると嬉しい。ただし、そのためには、参加者どうしで楽ではない時間を共有することが必要になる。このゴツゴツした時間を共有することで、別れと新たなスタートができる。

❖ やればやるほど出てくる

一般的には、仕事の経験年数等で研修の参加者を決められることが多い。ところが、私が依頼されているあるグループ研修では、とても年齢の幅が広い。二十代から七十代までの人たちがいる。同様に、現在の仕事や活動の経験年数も、二─三年の人たちから、数十年になる人がいる。

研修の名称を〈基礎力開発研修〉と名づけている。その理由は、実践力が生まれるのは、専門的な知識や技術を所有することからではなく、いつでも自分が使えるかが勝負になると考えるからである。自分を使えるようになるためには、基礎となる人にかかわる態度を開発することが必要であり、そのためのトレーニングとなる。

このバラッキのある参加者のなかで、経験年数の浅い人たちは、大先輩と一緒に学ぶことに恐れを感じ、そのことを最初から表明していた。ところが、研修が進んでいくと、人にかかわる態度の課題は、経験年数の差に関係なく、誰にでも共通してあることがわかってくる。また、問題に気づき、取り組むために、経験が却って邪魔になることもわかる。つまり、持っているものでなく、自分が基礎＝原点から問われていると感じられるようになるのである。

他方で、経験年数の多い年配の参加者数名は、とても貪欲に学ぼうとしていた。長年生きて、活動にかかわってきたからこそ、背中に背負っているものは、多くて、重い。自分一人では簡単に見えないのだが、グループ研修では他者から問いかけられることで、必死になって自分の課題をハッキリさせようとしていた。ところが、先に指摘したように、経験が豊富な故に、わかっているはずと思っていることを問いかけるのは難しい。そのため、経験の浅い人たちは、先輩の苦しむ姿を見て戸惑っていた。それほど彼女たちは、必死になっていたのである。

そうした取り組みは、研修の時間以外にも続いた。私に自分の課題を確認してくるのだが、その表情はとても真剣だ。そして、こんなことがわかっていないというのが情けないという態度ではなく、大切なことが発見できるという喜びに溢れていた。そうやって、何歳になっても、学びは続くし、やればやるほど問いは生まれる。それは、私も同じだ。

❖規格化する教育

こうした人生の先輩の学ぶ態度を書くことで、ソーシャルワーカーとして働く新卒者の教育が気になり始めた。先日も、ある卒業生から仕事に対する取り組み方の相談を受けたのだが、その話から組織や上司から期待されることができているか、という視点からのみで評価がなされていることがわかった。ここまで仕事ができるようになって欲しいと示される。その決められたプログラムをできれば評価されるが、それが十分にできないと評価が低くなる。

もちろん、こうした発想を、私はすべて否定するつもりはない。目に見えるかたちで目標を設定し、それを達成することで仕事を覚え、自信を持つこともできるだろう。ただし、怖いのはそれだけですべてを評価されることで、この基準を達成するだけで職員が満足してしまうことである。それでは、決められたとおりにすれば良いとするパターン化された教育と人材養成になってしまう。ソーシャルワーカーは個性を失って規格化され、小さく育つことになる。

❖ 責任ある存在になる

組織の目的が優先されると、あるタイプのソーシャルワーカーだけが作られることになる。しかし、実際にはすべての人を一つのあるべきタイプに当てはめることはできない。そこには常に、はみ出るものが出てくる。それが、個性であり、個々が自由に行動できる証になる。フランクルが指摘するように「機械は、規格化されればされるほどよくなるが、人間は規格化されればされるほど、タイプに埋没すればするほど倫理的規範から離れていく」(『人間とは何か』春秋社)ことになる。

組織として教育を考えることで陥る危険性が、前記のようなことに出てくる。倫理的な規範とは、個々の専門職としての責任を示している。ところが、規格化された教育においては決められた行動をすることで評価され、その決定をするのは組織である。したがって、個々の職員は、責任を負わない。そして、フランクルも指摘するように、「責任を負っていないことに対して、責任を負わされる」ことになるのである。こうして、取り替えのきく小さな援助者が育つが、必要なのは、大きく育ち、個々が出会う人に対して責任ある行動をする専門職になることだ。

㉚ Home

❖ 憧れのアイルランド

学生の研究指導を行う中で、自分が学ばないと、適切な指導ができないことがある。そのため、勉強しなければならない環境へ追い込まれることが起こるのだが、「忙しくて時間がない」などと理由をつけ、実際にはサボっていることが多い。しかし、今回、ある緩和ケアに携わる看護師の研究テーマ（死にゆく人々とともに生きるケア）が、ちょうど今の自分の関心と重なることから、以前から読みたいと思っていた岡村昭彦『ホスピスへの遠い道』（春秋社）を読み始めた。そして、ゴールデンウイーク前半までに、苦労しながらも読み終えることができた。

すでに読まれた方ならわかるだろうが、この本は著者の数年にわたるルポルタージュであり、現代ホスピスのバックグラウンドを明らかにすることを目的としている。したがって、アイルランドを始めとした関係国の歴史と地理を知らないと理解できない。いつの間にか、私の机の周りは必要な本や資料で山積みになってしまった。

久しぶりに一冊の本を読むのに多くの資料を必要としたが、アイルランドについて新たに知り、早く訪ねたいという気持ちが益々強くなった。なぜかと言うと、私はもともと、アイルランドの伝統音楽をベースにしたバンド「チーフタンス」「アルタン」「ソーラス」などの大ファンだからである。今も、ソーラスのアルバムを聴きながら、この原稿を書いているが、独特のメロディーとリズムは、何度聴いても気持ちが動かされる。

❖ 原点はホーム

ホスピスの歴史について学ぶ中で、最も印象に残ったことは、「ホーム」という発想だ。本の中で、著者の岡村は次のように紹介している。十九世紀のイギリス植民地支配下のアイルランドにおいて、「近代ホスピスの母」と呼ばれるMary Aikenheadは、各家庭の戸口の階段下で救いを求め死んでいく同胞の姿にひどく心を痛め、たとえ短い期間であっても、彼らが死に至る直前に人間らしく世話を受ける家庭──〈ホーム〉と呼ぶ安息の場を提供する活動を続けていた。このホームこそが、近代ホスピスの原型である。

ポイントは、現在のホスピス、あるいは緩和ケア病棟とは異なり、ガンや特別の疾患の人たちだけが対象ではなかったことだ。また、一見、ホスピスとは無縁のような精神科医療における人権の問題の歴史的な検証が行われているが、これも必然だった。患者の人権が尊重されなければ、ホスピスは、ホームとはならない。それは当然のことだが、ホスピスの歴史から現代の医療全般のあり方を問いかけることにもつながる。

さらに現代のホスピスを語るのに欠かせない、Cicely Saundersのセント・ジョセフ・ホスピタル（英国）における体験の貴重な「感謝の手記」が、著者によって紹介されている。そこには、「このホスピスのプログラムの中で、人間が出会い、互いによりよく理解する本当の場がある」と記されている。私は、これこそホーム、家庭であると感じた。同時に、ホームということばをきちんと知りたくなった。ホームということばをきちんと理解することで、現代の病院や社会福祉施設の場のあり方を考えることができると思えたからだ。

❖ホーム（故郷）へ行く

こんなことを考えていたら、中学時代の仲間から、還暦同窓会のお知らせが届いた。一部のつきあいのある人たちを除くと、四十五年ぶりの再会になる。私は前日の土曜日から故郷の奥浜名湖の三ヶ日に宿泊し、翌日の同窓会に備えた。日曜日に会場に向かって歩いていると、町が蜜柑の花の甘い香りがした。会場に入ると、久しぶりに会っても特徴のある人はすぐにわかった。ところが、最後までわからない人もいた。考えてみれば、一学年が二百三十名近くだったのだから、もともと知らない人も、それなりにいたことになる。

医院を継いで、現在も開業医をしている同級生のA君がいる。当日の関係する人たちの話を総合すると、このA君が中心となって小さな町の医療が支えられ、さらに同級生の福祉事業者との連携が、行われていることがわかった。こうやって仲間どうしで保健医療・福祉が支えられる故郷へこれまでにない想いを抱くようになった。

homeを辞書（新英和大辞典／研究社）で調べると、最初に「生活の場としての家」、次いで「家庭や家族」が出てくる。私にとって、三ヶ日にはそうしたものはすでにない。したがって、その後に書かれている「故郷」がピッタリくるのだが、何かそれ以上の家庭や家族を感じてしまった。

❖自分のうちのように思える所

還暦同窓会での私の発見は、故郷が、homeの五番目に出てくる「自分のうちのように思える所」と重なったことだ。そして、この自分のうちのように思えることは、ホスピスがホームと位置づけられたことにつながると感じた。死を前に生きる人が、ホスピスで短い期間を過ごすことになる。たとえ短い時間でも、そこで人々は出会い、お互いに理解することができる。したがって、問題は、時間の長さではない。ホスピスにかかわる人たちが、限られた時間をともに生きることで、それぞれの生を豊かにできることである。

続いて辞書には、(困窮者などの)収容所、療養所といった使われた方が示されている。社会福祉、介護保険関係の施設名に、ホームということばはよく使われている。ホスピスの歴史を学び、ホームという場を考えると、各施設がホームの本来の精神を大切にしているかが気になった。利用者が、そして働く人たちが、自分のうちと思えるような出会いがあり、お互いを大切にしている所が、ホームであり、常にそうできているかが問われている。

㉛ 山は沈黙している

❖ 無理をしない計画

ゴールデンウイークの後半に屋久島へ出かけた。鹿児島にいたときから行きたかったが、これまでチャンスがなかった。「行くぞ」と決断し、山歩きと雨への備えをした。続いて、鹿児島時代の同僚に紹介してもらった民宿のご主人に空港から宿までの送迎を頼み、二日目に予定している「もののけ姫」のイメージとなった「白谷雲水峡」のガイドをお願いした。二泊三日の短い旅のため、二日目を目いっぱい屋久島の自然を楽しめるように計画した。

屋久島と聞けば、多くの人は樹齢七千二百年と言われる縄文杉を想い浮かべるだろう。ところが、この時期は、狭い道に人が溢れることが予想された。実際に五月四日がピークで、現地で聞いた記憶では一日で千二百人近くだったようだ。さすがに、それほどの人で混雑する中を行く気にはならない。

体力面からの心配もあった。この数年はジョギングを続けているとはいえ、やはり自然は怖い。往復で十時間は厳しいと考えた。これも現地へ行ってわかったことだが、朝の四時過ぎには起き、出発の準備をしても、帰りは夕方の六時ごろになるようだった。やはり、今回は避けたことが正解だった。

農家民宿の宿が楽しみだった。ホームページを見ると、自家栽培野菜とご主人が素潜りで捕ってきた魚がごちそうになれるようだ。家庭料理を味わい、屋久島の焼酎三岳が飲めるだろう。

こんな諸々の期待をしながら羽田から鹿児島空港経由で、屋久島へ向かった。天気も心配だったが、嬉しいことに三日間とも、素晴らしい青空が続いた。

❖自然の傍にいる

空港で民宿のご主人Iさんに迎えられ、その足で宿までの途中にある「千尋《せんぴろ》の滝」へ向かった。写真でお見せできないのが残念だが、滝の前にある大きな花崗岩の一枚岩がすごい。時間とともに雨風で削られながらも、広大な一枚の岩が保たれている。自然の厳しさと強さを見たような気がした。

宿に着くと、地元の温泉に連れて行ってもらい、その後は宿の前の海岸まで散歩した。行く道で猿の一家に出会ったが、本当にすぐ傍で生活しているのがわかった。海岸からの帰りには、山々と正面から向き合うことになった。千五百メートル近い山がいくつもあり、山を見て歩いていると、「ああ自然の傍にいるなあ」と思った。そして、都会を離れて、いろいろなことを忘れないと、自然とともにいられないのだと感じた。

この夕暮れに感じた自然の傍にいる感覚が、翌日の「白谷雲水峡」を歩いている途中で、自然の中にいると感じられるようになっていた。それはIさんの疲れを癒す独特なガイドトークと数人で歩きながらの沈黙の時間から生まれた。いつの間にか、私たちは山にある沈黙とともにいた。

❖山は沈黙している

　山を見て、さらに山の中に入ることで、沈黙を感じるようになった。それは、山が沈黙しているから、忘れていた自分とともにある沈黙を思い出すのである。同時に、私たちの日常が喧騒の中にあることを明示している。

　たとえば、私は大学において日々の仕事に追われ、たくさんのことに対応する。時間を区切ってさまざまな人と会い、話し合いをして物事を進めていく。そのため、ピカート（M.Picard）が問いかける〈沈黙〉はどこかへ行き、ことばを次々とつなぐことで相互理解が可能になると思い込んでいる。私に限られたことではないが、多くの人たちは、沈黙がお互いをつないでいることに気づかずに忙しく物事を進めているのである。

　相手に何かを伝えよう、わかってもらおうとすると、私たちはことばを使って、交渉相手に直接働きかける。それがうまくいかないと話し方を変えて、相手に再度働きかける。そうしたかかわりを、疑問をもたずに毎日行っている。しかし、相手に直接働きかける態度は、すでに沈黙を忘れているのだ。必要なことは、「ひとりの人間から直接に相手へ働きかけるのではなく、ひとりの沈黙から相手の沈黙へと働きかけること」（『沈黙の世界』みすず書房／傍点筆者）だとピカートは指摘する。

私たちが忙しく相手と交渉するように、山は前へと進まない。山は動かないのだが、そのことが、私たちに沈黙を想起させる。山々の沈黙が、私たちのなかにある沈黙に働きかけてくることで、沈黙とともにいることが起こる。しかし、日常においては、この沈黙が見えないことでお互いがわかりあえず、対立することにもなる。

❖沈黙から沈黙へ話しかける

グループ臨床の研修を行っていると、多くのメンバーが沈黙を避けようとする。沈黙は「気まずい、ムダな時間」と考えられている。そのため、何かをして不安を紛らわそうとする。典型的な例が、グループにおいて今話さなくてもいいことを、延々と話し続ける。だが、それに気づいたメンバーも、疑問を投げかけるのを躊躇する。なぜなら、その動きから沈黙が生まれるのを恐れるからだ。

他方で、あるメンバーの態度に疑問を感じ、「相手はなぜそのような考え方をするのか」と問いかけるときがある。そのことばは、自分の中からスッと出てきたのではなく、発する前に間があり、沈黙から生まれている。そのことばを受け取る相手も、キャッチボールのようにことばを直ぐに返すのではなく、沈黙において受けとめていることがわかる。こうして、沈黙から対話は生まれる。

帰り際の屋久島空港に、ゴールデンウイークが終わっても屋久杉を目指す団体客がいた。彼らの話し声から、都会の喧騒が持ち込まれているのがわかった。山が沈黙しているからわかるのだと、このとき私は改めて気づいた。

㉜ 対象とならないもの

❖ 前へ進む

七月の下旬に入り急に暑くなった。身体が十分について行けないと感じてはいるが、ジョギングは続けている。さすがに夕方はきついが、早朝ならば何とかなる。そして、一日は長くなるが、それなりに充実した日々を過ごせる。

前期が終わるに当たって、いろいろなことに区切りをつけた一ヵ月だった。学生の実習計画書の最終確認には、かなり時間を要したが、これをきちんとしないと実習が生きてこない。さらに、専門演習の三年生とは、前期の振り返りと夏休みに読む本と課題について個別に話し合った。その結果、学生の学びたいという気持ちが見えるようになった。卒業演習の四年生は、ようやく数名の就職試験が始まった。学生の活動状況を確認し、数名の推薦書も書いた。卒業論文の進行も早いとは言えないが、とにかく全員が第一章を何度も修正しながら書くことで意欲が出てきたことがわかった。

意図的に区切りをつけようと行動したわけではないが、先に取りあげたこと以外にも多くのことに結着をつけている。こうやって区切りをつけることで、先に進めるということに改めて気づいた。おそらく長年にわたって繰り返してやってきたことなのだろうが、こんな想いを今回強く抱いたのは、これまでのあたりまえでは、学生と向き合えなくなるとハッキリわかったからだ。これから、もっとそうした事態に直面することになると自分に言い聞かせ、前へ進むことができた。

❖ 新たな挑戦

私は、これまで研究や教育において、対人援助職の〈感性〉を基盤とした〈実践力の開発〉を行ってきた。その方法の中核となるのはグループ臨床であり、グループトレーニングの中で参加者の感じる力を育ててきた。

この夏から、新たに始めようと準備していることがある。それは、〈音楽〉を聴くことで、受講者の人たちが身体でどのように感じるか、あるいは感じられるかということを行ってみたい。具体的には、夏以降に、いくつかのセミナーで実施する予定である。

この新たな試みには、背景となることがある。日本ミュージック・ケア協会との全国セミナーを中心としたおつきあい、なかでも会長の宮本啓子先生との出会いである。宮本さんは会の名称を、援助者が一方的に治療を行うのではなく、相手とともにケアし合う関係になっていくことを大切にして〈ミュージック・ケア〉と名づけた。そのきっかけとなったのが、私が二人の仲間と勉強会の成果として発刊した『ケアへの出発』（医学書院）だった。早いもので、この本が出版されて、もう二十年近くが経ったことになる。

長い間、宮本さんたちの実践をことばにするお手伝いをさせてもらってきたが、自分でも実践してみたいという気持ちになった。私自身は、音痴でリズム感もよくないことを自覚している。しかし、音楽は大好きである。学生時代には、作詞作曲クラブに入り、オリジナル曲を大胆にも歌い、演奏していた。今思えば、オリジナルだから、メロディー等を気にせずにできたのであろう。

❖ なぜ、音楽をきらいになるのか

八月の全国大会に間に合わせて、宮本さんがミュージック・ケアの理論編の本を出版する。その紹介文を依頼され、そこにも書いたのだが、会の参加者は圧倒的に女性が多く、男性が少ない。中でも、中高年の男性がいない。その実践では、音楽を直接的に身体で感じ、身体を動かすからだろう。私の行うグループ臨床でも、同様に男性は少ない。やはり、感じたことを表わすことがポイントになっているからだ。

両者に共通しているのは、〈感性〉なのだが、中高年の男性にとって、感じたままを表わし、行動することが難しい。先ず〈考える〉ことが身についているからだ。考えてから行動するのが大人であり、先のことを予測しないと不安で行動できない。また、感じたことをそのまま表わすことは、無防備なことだと考え、自分を守っている。ミュージック・ケアにおいても、参加者は音楽に合わせて身体を動かすのだが、どうしてもぎこちなくなり、腰が引ける。

こうしたコメントを紹介文に書いた後に、ミュージック・ケアの生みの親である加賀谷哲郎先生の文章を読み返した。その中で印象に残り、また私の先の想いともつながったのが、「どうして音楽がきらいになるのだろうか」（『加賀谷哲郎―心の笑みを求めて』石川磁場の会）という一文だった。

小学校に通うようになり、高学年になると音楽がきらいになる生徒が多くなる。その理由は、音楽教育によって規則正しく、美しく表現することを求められるからだと、加賀谷先生は指摘する。音程が外れたり歌詞を間違えても自由に歌えたのに、それができなくなる。こうして、〈できない〉ということで、音楽をきらいになり、遠ざかり、音楽の場へ参加することがなくなってしまう。

❖ 音は直接的に伝わる

音楽の魅力とは、身体で感じ、自然と気持ちが動くことにある。その可能性は、誰に対しても開かれている。ところが、感じるのではなく考えることを行うと、音楽は対象となってしまう。そのため、直接的に伝わるものが、伝わらなくなる。また、表現する技術が高まらないということで、できない人は劣等感をもつ。そのため、感性を高める機会を失ってしまうことになる。

音楽は、対象としてではなく、直接的に身体に伝わって感じられ、〈だれでも〉楽しめる。この対象とならないものを感じることで、私たちは自分の殻から抜け出し自分を表わすと、相手がすぐ傍にいることがわかるのである。

㉝「なる」ための痛み

❖ 誠実な対応

今日は八月の最終日、三十一日である。以前と比べれば、仕事は減らしているはずなのに、この夏は例年以上に休みがなかった。それは寂しいことだが、同時にこの一ヵ月間は、「とても充実していた」と振り返ることができた。普段の授業があるときにはできないこと、横浜でのミュージック・ケア全国大会への参加、さらに幾つかの病院や千葉いのち電話のグループ研修で「私たちになる」ことをテーマに行えた。そうしたなかで、改めて既知への問いが生まれ、管理者や援助者に必要な課題を発見することができたからだ。

他方で、悩んだことがある。参加者のことを考慮すると、どうしても週末に研修を行うことが多い。そのため、研修担当者から「先生の休みを無くしてしまい申しわけありません」ということばを何回か聞いた。私自身も「また休みが無くなる」という多少の辛い気持ちがあったのは事実だ。そして、引き受ければ確実に休みは無くなるのだが、これが今の自分らしい生き方だと思っている。

もう一つ考えたことがある。研修を私に依頼する人たちは、当然ながらその目的と個別の事情がある。どうも私は目的ではなく、個別の事情に弱いようである。つまり、なぜ私に、さらに、この時期に頼みたいのかという事情を聴いてしまうと、気持ちが動いて引き受けてしまう。相手の必死さが伝わってくると、こちらも誠実に対応するしかない。

❖「ある」という発想への問い

この夏の共通テーマは、〈私たちになる〉だが、その理由や背景を紹介したい。今日の保健医療・福祉の実践において、どの領域や職種でも〈協働〉や〈連携〉がキイワードになっている。利用者の課題が深刻化・複合化したことで、適切な援助は、一人ではできないし、一職種でもできないことは、共通の理解が得られている。同時に、このテーマは、組織論の永遠のテーマである管理やリーダーシップの課題ともつながっている。したがって、チームアプローチとして議論されるとき、協働のかたちや進め方だけでなく、それらが成り立つための原点からの問いかけが必要になると強く感じている。しかし、現状ではほとんどそうした取り組みはない。多くの場合に、すでに「チームがある」「私たちがある」ことが出発点になっている。そして、テキストや研修においてチームや私たちが〈ある〉という前提で、協働や連携が説明されることになる。

ところが、実際に現場でチームの問題に取り組んでいけば、「チームになる」、あるいは「私たちになる」ことが、取り組まねばならない課題だとすぐにわかる。私たちになるというプロセスを歩んでいれば、リーダーとなる人たちは苦悩するはずである。しかし、不思議なことに、悩まない人たちが多くいる。彼らにとって組織は既にあり、それを維持し、発展させることを大前提と考え、人間関係はその実現のために手段とされている。そのため、組織目標の実現のために、人間関係をスムーズに動かすことが課題となるのが容易に想像できよう。人間関係は、組織における協働の手段とされている。

❖人間のモノ化、商品化

組織が常にあることを前提にすると、「組織や上司から認められ、信頼されたい」と考え、いつの間にか自分を商品化、モノ化することが起こる。また、組織の期待に応えることを優先する管理者は、目標達成に向けて「職員をどのように動かすか」を考える。そうした管理においては、部下はモノのように扱かわれ、思い通りに動かない不良品は交換可能と見なされる。また、そうやって部下をモノ化・商品化する態度は、実は自分を同様に見ることになる。なぜなら、組織や上司の期待に応えられないと、自分も取り替えられてしまうと恐れているからだ。

怖いのは、支配する力をもつことが、チームをまとめることだと勘違いすることである。フロムがサディズムに対して指摘するように、「力への欲望は強さにでははなく、弱さに根ざしている」(『自由からの逃走』東京創元社)のだが、そのことに気づいてない。そうした何ものかに対する力の所有ではなく、自分が何かをするための力、潜在能力を開発することが必要になる。

❖「なる」ことへの決断

これまで指摘してきたような現状を問いかけ、私は〈私たちになる〉という研修を行っている。しかし、それは楽な作業ではない。参加者は自分の人にかかわる課題と向き合わねばならないからだ。立ちはだかるのが、「よい人間関係」であり、自分だけを大切にする態度である。気づいていても問いかけないで、仕事をスムーズに動かそうとする。また、言いにくいことを面と向かって言わずに自分を守る。こうした日常の態度が、グループ研修においても出てくる。

ある病院の師長研修で起こったことだ。グループで自分の課題を話し合っていくと、メンバーの話したことが相手にきちんと伝わっていないとズレを感じる瞬間があった。しかし、通り一遍に私が聞くと、「伝わっている」と答えが返ってきた。あえて、もう一度確認すると、「実は、伝わっていない」と言いにくそうに話してくれた。すると、今度は相手の表情が厳しくなった。このように相手とぶつかる、あるいは、自らぶつけることはきついことである。しかし、そこからお互いが必死になってわかろうと対話が始まる。

私たちになることは、難しい。相手とのちがいをハッキリさせることは〈痛み〉を伴うが、この痛みを引き受けることで気持ちが動く。私たちになることで、個々のメンバーは自分らしくなることができるのだが、その鍵を握るのが管理者の感性である。

㉞ 気持ちの検証

❖ ペースがつかめない

先月号に暑さ、寒さも彼岸までとのん気に書いたが、その後は秋の気配が感じられず十月末になってしまった。何だか騙されたようなお彼岸のころの天候だったが、そうした気候と同様に自分もペースがつかめない。何をするにも余裕がなく、追われている気がする。それでも、授業や研修の当日は、充実感を覚えてやれているのが救いである。

そうした状況でも、ジョギングは続けている。もう初めて五年近くになるが、身体が疲れているときに走ると、不思議なことにスッキリする。徐々にシューズや帽子など必要なグッズも集め、走りやすい環境も整えた。

走るたびに常に、「今日は調子よく走れるだろうか」と前半の1～2キロメートル時点で感じる。面白いことに、そこで調子がよさそうに感じても、後半にバテルことがある。反対に、調子よく感じられてなくても、意外に苦しまずに最後まで走れることもある。仕事と同じで、こちらもペースをつかむのが、いつまで経っても難しい。ただ、仕事と異なるのは、ペースがどうなるかを楽しむことができるようになったことだ。

❖自分を表わす

毎年のことだが、秋になると事例を活用したグループスーパービジョン研修が始まる。今年は、二つの機関から依頼を受けたため、こちらも追われるように進んでいる。そうした中で、ソーシャルワーカーのクライアントに対する態度が、大きく異なる二つの事例に出会った。

提出された事例は、ともに〈退院援助〉に関するものだった。相談の相手が患者本人ではなく、〈家族〉という点も共通している。

最初の事例では、家族が患者のことをとても気遣っている。そうした家族の気持ちを受けとめながらソーシャルワーカーは転院先を一緒になって検討していくが、途中で病院の対応に家族が疑問を抱き、対立することが起こる。困難な場面においてソーシャルワーカーは、自分の気持ちを表わし、相手と向き合おうとしていることが伝わってきた。しかし、発表者にとっては、スッキリしないままで終わった事例だった。

二つ目の事例では、家族が患者の生活の面倒を見ているが、長年の経緯から患者を受け入れることができない。ソーシャルワーカーが話を聴くことで、家族はこれまでの辛い気持ちを話すことができ、転院についても病院の方針通りに決まる。そうした中で、ソーシャルワーカーは感じることはあるが、いろいろ考えてしまい、自分の気持ちを表わすことができない。また、そのことを本人も自覚している。家族は、面接後に少しスッキリして帰るのだが、発表者は、もっとスッキリしてもらえたのではと思った事例だった。

提出された事例だけでなく、研修での二人の人にかかわる態度も、大きく異なる。最初の発表者は自分を表わそうとしており、後者は自分を表したいが、できない状態にある。専門職として冷静に考えて行動することが身についており、それが行動に表れている。このように、同じソーシャルワーカーであっても、個人によって気持ちの動きに対する態度が異なることがわかるのだが、そのことは援助のあり方にも大きく影響する。

❖ 気持ちの動きからの検証

利用者のことを尊重するために、ソーシャルワーカーは相手の気持ちを受けとめること、そのために自分の気持ちが動くように鍛えることが必要になる。このスーパービジョンで、特に感じたことだ。

後者の事例の発表者は、「自分を使う」ということを課題としている。自分の持っている経験や知識を使うのではなく、自分の気持ちを表わす援助を実践できるようになりたい。それができれば、家族はもっとスッキリして帰ることができると思っている。

一方で、前者の事例においても、気持ちの動きから検証していくと、そこに援助者の課題があるのがわかる。家族が、なぜ患者のことを気遣うのか、その理由が聴けていない。背景となる家族関係を理解しないと適切な援助ができない。そのためには、相手がことばにできないこと、感じていないことをことばにして伝えることだ。

このように両者を比較すると、前者は自分を使えているように見えるかもしれないが、十分にはできていると言えない。援助に必要なことを明らかにできておらず、そのため相手の気持ちを尊重しようとしたのだが、スッキリしないままで転院となったのだ。

❖ 関係という視点

ここで取りあげた二つの事例もそうだが、退院援助においては家族が相談者となることが多い。家族がクライアントになる。ソーシャルワーカーは、家族の気持ちを理解し、現在の状況を受け入れてもらおうと一生懸命になる。そのため、紹介した事例でも、家族が患者を気遣っている、いないにかかわらず、患者のことが忘れられがちになっている。

患者と家族を切り離してしまい、家族だけを見てしまう。援助者が自分を使えるとは、家族を支援することが、患者を支援していくことにつながる援助をすることである。つまり、個々別々の支援をするではなく、常に〈関係〉という視点から援助できるかが問われており、そこへ気持ちが動くかだ。

研修を行っていくと、課題に対して「どうしたらいいのか」という答えや「あるべき姿」を求めがちになる。ところが、安易にそうすることで、今、もがいて悩むことを止めてしまう。ただ先へと進むのではなく、グループのメンバーと一緒に今に踏みとどまり、ともに考えるのがグループスーパービジョンの醍醐味である。そのとき、参加者は個々の課題へ取り組むとっかかりを発見できる。

㉟ 気持ちの検証（続編）

❖ 共通の課題

十一月は例年のように、大学の実習指導で多くの事例に出会い、さらに継続して行っているグループスーパービジョンにおいても五つの事例に取り組んだ。どちらも二つのテーマから取り組みを行っている。その一つは、事例への対応を中心に検討すること、他の一つは学生やソーシャルワーカーの人にかかわる課題を明確にすることである。特に、後者は、やはりスーパービジョンならではの醍醐味となる。

多くの人が、この人にかかわる基本的な態度を明確にすることは難しいと言う。なぜなら、無意識に行っている、当たりまえにしている態度を問いかけることになるからだ。誰でも自分ができていると思っていることが、できていないとわかることはショックである。しかし、できていないとわからないと、取り組みはできない。

できていないことをグループの中で、メンバーの前で明らかにすることには抵抗があるだろう。だが、このできていないという気づきは、一人ではできない。スーパーバイザーやメンバーから問われることで発見する。そのため、気づくときとは、同時に自分の課題へ挑戦することを人前で宣言することになる。たとえば、人の話を聴けていると思っていたのに、聴けていないことがわかった。それを他のメンバーに伝えることは、気づいただけではなく、〈聴けるようになりたい〉という気持ちを表わしている。そのことにより、他のメンバーから、今後の態度が問われ、逃げられなくなる。

❖事例の提出理由

今年一番気になっているのが、事例の提出理由である。特にスーパービジョンにおいては、事前にこの点について書き方を次のように説明している。

なぜ、この事例を提出するのか、その気になったのか数ある実践から、この事例を選んだ理由を示すこと。特に事例の個別性を明らかにできるといい。また、本事例に限らず、他の事例においても自分の援助関係における人にかかわる態度で気になることがあれば結びつけて示すことを行うこと。

前者の事例を選んだ理由については、それなりに書ける人が多い。「クライアントを支える人がいない」「家族の意向に対して病院の条件が合わない」「クライアントをもっと元気づける支援ができたのでは」などが出される。

ところが、自分の人にかかわる態度と結びつける方がなかなかできない。事前に事例をメールで送ってもらい、他の修正や追加等と併せて指摘するのだが、本番のときにもストレートに結びつけて事例を提出できる人は少ない。

❖根拠となることは

先に指摘したように「できていない」ことを表わすことへの抵抗があるのは明白だ。同時に、それは実践力を高めるために本当に必要なことなのか、という疑問の表われであると私は感じる。日々の実践を行い、それなりに社会的常識を身につけ、病院組織、またソーシャルワーカーとして周りから求められる役割を果たしているのだから、自らの人にかかわる態度を問いかけるなどといったやっかいな取り組みは必要ないと思っているのだろう。突き詰めてみると、こうした考えが参加者にあることがハッキリしてきた。

事例への対応は、他のメンバーと一緒に検討し、必要な方法を学ぶことができる。その結果は、実践に直につながるし、自分なりの根拠をもって取り組むことができるのだろう。また、形として見えやすいもの、多くの人に共通の理解が得られやすいことは、抵抗なく受け入れられる。ところが、こうした客観的と思える内容であっても、最終的には個々の援助者の〈主観〉で判断されていることを忘れてはならない。

他方で、自分の人にかかわる態度は、形としてもハッキリしないし、データを示して明確にすることもできない。多くの場合に、自分がどのように感じているか、あるいは他者の受けとめ方にかかっている。そのため、最初から最後まで主観的なことであり、専門的に判断するための根拠にはならないと考えられるようだ。

実際には、人にかかわる態度は、〈気持ちの動き〉として表れ、固定的に捉えることはできない。相手にコミットメントするとは、この気持ちの動きによって行われる。資料に基づいて合理的な説明がクライアントにされても、援助者の態度から「気持ちが入っている、いない」は相手に伝わる。いくら専門性に裏づけされた対応でも、相手は受け入れてくれないことが実際に起こる。この課題が、科学的に捉えられないからという理由で排除できないことがわかろう。明らかに主観に基づいているのだが、実践を動かすのは、反対に、この援助者の人にかかわる態度である。

❖ 実践を動かすもの

主観的なことを、明確にし、さらに共通なものにしていくことが必要だ。その根拠となるのは、個々の援助者の〈感性〉であり、具体的に感じたことである。感性を基盤とすることで、理性的な判断が生まれる。こうした動きが、スピリチュアリティに基づく援助だ。

先日のスーパービジョンにおいても、あるメンバーが次のような感想を話してくれた。その内容は、「私は専門職だから、今までわからない、できないと言ってはいけないと思っていた。しかし、言ってもいいんだとわかり安心し、肩の力を抜くことができた。同時に、人にかかわることに対して楽しくなりそうだと感じている」というものだった。

このメンバーも、事例提出の理由において人にかかわる態度と結びつけて提示できていなかった。それが研修で気持ちが動き、ハッキリとつながったのである。

㊱ 未完を支える基礎工事

❖ 基礎工事から問われる専門工事

建築物にとって基礎工事は、地震や災害に備えるために重要なことであることは一般的に知られている。同様に、対人援助を学ぶ人にとって、専門職になっていくために基礎の学びが大切であることは共通の理解が得られるだろう。たとえば、〈聴く力〉や〈伝える力〉は、人にかかわる力を身につけるための大切な基礎工事と言える。ただし、建築工事と大きく異なる点がある。建築物は出来上がってしまうと、基礎工事をやり直すことはできない。なぜなら、基礎は建物の下にあって見えないし、触れることもできないからである。

対人援助においても似たようなイメージを持つ人もいるだろう。基礎は入門編として最初に学んで終わっているという考えである。実践していけば、専門性ばかりが気になり、基礎の学びは終わったことで、見えなくなるかもしれない。ところが、建築と異なるのは、たとえば基礎工事の象徴とも言える〈聴く態度〉は、本気になって問いかけると、できているかどうかがすぐにわかるし、完成されている人は誰もいない。また、援助者がクライアントの話を聴けていないとわかったとき、問われているのは専門的な対応ではなく、基礎となる人にかかわる問題だと気づくことになる。つまり、対人援助の実践においては、基礎と専門は常に開かれた関係にあり、専門的な実践は基礎から問われ、支えられることで実現できていることがわかろう。したがって、この終わりのない基礎工事を続けることが、私たちにとって専門性の証となる。

❖ 自分が問われる

先日の大学院の授業で面白い発見があった。ある社会人学生が、「一年間にわたって先生の講義を受講することで、とても大切なことを学べた。しかし、残念なががら、そのことを実践で活かすことが難しく、できていない」と発言した。彼女は、看護師の仕事をしているのだが、患者さんのケアに対して、さらにスタッフとのかかわりに学びを活かせていないと感じており、活かすことができれば自己評価が上がるとも話していた。

この発言を聞いて、私は「それは当然だと思うよ」と即答した。なぜなら、一般的に学んだことを実践の場で応用することが、学んだことを活かすことだと考えられており、この院生も同様の発想をしていたからだ。そのとき、問題となるのは、自分のことを抜きにして学んだことを活用したいと考えていることである。先に指摘した、人にかかわる態度を鍛える基礎工事をするのではなく、ただ専門工事をしようとしていることになる。

では、どうしたらいいのか。私は彼女に「学んだことを実践するには、自分のできていないこと、課題をハッキリさせることですよ」と伝えた。誰もが、できていないことを明らかにすることは、気持ちのいいことではないし、避けたいと思うだろう。しかし、基礎工事を始めるためには、その確認が欠かせない。できていないこと、できていない自分と本気で向き合うのだが、そのことからできるようにな り、学びが役立つことになる。当然のことだが、自分が問われることで学んだこと が活かされ、成長できることになるのである。

❖ できないことを明らかにする

先の実践につなげる学びを、ある男子学生（A君とする）のソーシャルワーク実習での体験から検証してみよう。彼の実習先は、知的障がい児・者の施設で、初日からことばを話せない利用者への対応で苦しんでいた。なかでも一人の女性の利用者に戸惑っていのだが、なぜか毎日のようA君に近づいてきて話しかけてきた。あるとき、言われていることがわからないのだが、何度も聞き返すのは失礼だと思い、わかっていないのに「わかりましたよ」と言って、その場を収めてしまった。

数日後にA君は、実習指導の職員から「利用者の○○さんから、あなたにボランティアを探して欲しいとお願いしたのだが、その後どうなっているか教えて欲しいと聞かれたのだが」と訊ねられた。最初は、何のことだかわからなかったのだが、彼は数日前の○○さんへの対応を思い出した。まさか、そんな内容のことが話されていたとは思いもしなかったのだが、自分の無責任な対応に気づいてどうしようもない気持ちになった。しかも、○○さんは、A君と話すことで話し相手のボランティアが欲しくなったようで、余計に自分が情けなくなってしまった。A君はすぐに利用者に謝罪し、理解してもらうことができたが、今回のような対応が相手を、そして自分を大切にしていないことがよくわかろう。実習中に判明したのでよかったが、終わっていたら取り返しのつかないことをしてしまったことになる。

❖ 自分を鍛える

自分ができていないことを表わすことは辛いことであるが、わかっていないのにわかったふりをすることは、相手に対して無責任なことをしていることがわかろう。反対に、できていない自分を表わすことは勇気がいるが、相手を、そして自分を信頼することになる。そのことによって相手からどんな反応が返ってくるかわからない。しかし、このわからないことへ挑戦することが相手を信頼することであるし、対人援助職の基礎工事として求められていることである。

A君の事例からもわかるように、利用者とのかかわりの〈今〉という一回性のなかで逃げないで応えることが大切なのであり、だからこそ自分が鍛えられる。A君は、自分ができていないことを学べたことによって、結果的に実習での収穫は大きなものとなった。同時に、彼だけには限らないが、学びのゴールはない。どこまで行っても私たちは未完成である。しかし、未完であるとは成長できる可能性に開かれていることであり、それを支えてくれるのが基礎工事なのである。

㊲ 相手がいるということ

❖ 見えるようになる

学生時代から長い間にわたり学問を続けることをしてきた。振り返ってみると途中でサボることも相当期間あったと思うが、とにかく現在も行えている。特に、最近では限られた休みの日に、パソコンに向かって原稿を書くときが、すべてのことを忘れて思索に集中し、私にとってやすらぎの時間になっている。

この年末（二〇一三年）から年始、三十日の午後から二日の夕方まで、久しぶりにそんな時間を過ごすことができた。社会医療ニュースのなかでも紹介されている日本ＩＰＲ研究会が発行する「研究会誌ＩＰＲ」の原稿を書くことができた。短期間でできるか不安だったが、自分でも驚くほど集中できたし、充実した時間となった。

その書き出しから感じていたのは、今まで見ていたのに見えなかったことが、学べば学ぶほど見えるようになったことだ。見えないものは、見えるものの中にあるのだが、「見えるものにへばりついていたり、背後にあって見えない」(M.Merleau-Ponty『見えるものと見えないもの』みすず書房)のである。したがって、見えるようになるテーマや問いとは、私たちにとってあたりまえのことばかりである。そのあたりまえのことへの問いに、根源的な課題が見えてくる。

❖相手がいることの難しさ

分野にかかわらず、ベテランの対人援助職(ソーシャルワーカー、カウンセラー、看護職など)から、どれだけ経験を積んでも実践は難しいということを聞く。なぜなのだろうか。対人援助は、何らかの生きること、生活上での課題を抱えている相手がいて成立する。つまり、困っている人がいて、実践ができる。ところが、対人援助の難しさとは、矛盾するようだが〈相手がいる〉ことから生じている。たとえば、困難事例と呼ばれるケースが事例検討会によく出されるのだが、そこに登場してくるクライアントは、「威圧的な態度をとることで怖い」「毎回違うことを言われ、相手のことがわからない」「感情的になって、いつまでも決められない」といったことを援助者は感じている。つまり、相手のことがわからず、これまでの自分のやり方では対応できない、ということを示している。

こうした相手の個別性にかかわるという課題だけでなく、さらに幾つかのテーマがあることがわかる。たとえば、どんな優秀な援助者と評価されている人でも、相手が受け入れてくれないと援助はできない。また、援助に対してクライアントは満足しているように見えても、実はお腹の中では憤りを感じていることもある。そうしたことは、毎回の実践の中で問われることであり、一度克服すればそれで解決済みとはいかない。したがって、ベテランになっても何度も躓き、悩みながら実践しているというのが現実だろう。そして、根底にあるのは、相手がいるということである。

❖関係からの発想

これまで示してきたように、難しさとは〈相手がいる〉ということから生じているのだが、すべてを相手、対象者に帰することはできない。なぜなら、クライアントは援助者と無関係にいるのではなく、私たちとの関係において存在しているからだ。したがって、関係からの発想が必要になるのだが、援助関係に大きな影響を及ぼすのが援助者の人にかかわる態度である。具体的には援助者が相手をどのように見るかというテーマがあり、それは対象とどのようにかかわり、捉える、理解するのかという課題になる。ここでの課題とは、相手のことではなく、援助者の人にかかわる態度であり、そのことが問われていることがわかろう。

困難な相手や事例に出くわしたとき、相手や事例の特異性だけでなく、私たちが相手のことをどのように見、聴いているかという基本的な態度が問われている。面白いのは、別の援助者が、しかも経験の少ない後輩がやってみたら、相手が協力的になって援助が順調に進んだといったことを聞くこともある。当然のことだが経験の差だけでなく、個々のちがいによって見えるものは異なる。先に指摘したように、見えるものの中に見えないものはあるので、私たちがどのように見るか、見えるかが勝負になる。次に、医療ソーシャルワーカーの人たちと行っているグループスーパービジョンでの発見を例に検討してみたい。

❖関係をハッキリさせる

参加メンバーのある女性ソーシャルワーカー（以下、ＳＷとする）が、「威圧的な態度をとるクライアントに寄り添う」をテーマとする事例を提出した。彼女は、もともと威圧的と感じる人を苦手としており、このスーパービジョンの研修において少しでも相手と向き合えるようになりたいという想いがあった。

クライアントは一人暮らしの生活保護受給者であり、病状から住んでいたアパートに戻ることはできず、これからの生活場所をどうするかが検討課題だった。相談を進めていくと、予定通りに進まないことが出てきて不満を直接ぶつけられ、ＳＷ

は意識的に相手と距離をとるようになる。また、医療スタッフからは、退院できるように行き先を決めて欲しいと要請を受けることが続いていた。

気がつくと威圧的な態度を感じることで、相手に寄り添うのではなく、無意識的に医療スタッフに近づいていることがわかる。そうした態度をとることで、クライアントからも医療スタッフからも責められないように自分を守っている。関係を曖昧にすることでSWの存在は見えにくくなり、どちらともぶつかることはない。その一方で、クライアントに必要な退院援助での対応ができず、また医療スタッフに対してクライアントの事情や気持ちを代弁することをせず、SWの役割を果たせていないことが明らかになった。もちろん、寄り添うことはできていない。

では相手に寄り添うにはどうしたらいいのだろうか。SWは先ず自身の存在をハッキリさせ、自分を相手に見えるようにし、クライアントと向き合うことである。続いて医療スタッフとも同様のことをできるかだ。寄り添うとは、自分が相手に近づくだけではできない。相手も近づいてくれることが必要になる。そのためには、SWが退院援助に直接関係ない、今までの生活のこと、そして病気のことで苦しんでいることをクライアントに聴けるといい。そうした動きが、相手との距離を縮め、また同時にできること、できないことを伝えることで距離を生み出すことにもなる。このように、寄り添うとは単に距離を縮めて一つになるのではなく、必要なときに相手と向き合うことで距離をとり、また自分とも向き合うことを行うことである。そうしたSWのかかわりが、相手を大切にし、自分を大切にすることになる。

❖ 相手がいることの面白さ

相手がいるということが、対人援助の難題だということを確認した。相手がいなければ援助職は仕事ができないのだから、ややこしい課題である。他方で、先のスーパービジョンの事例におけるSWの態度から学べるように、この課題に正面から取り組むと、援助者自身の人にかかわるさまざまな課題が浮き彫りになることがわかる。このように、私たちは自分一人では気づけないことを、実践のなかでクライアントから教えてもらえるし、そこから学ぶことが最大の学びとなる。

冒頭に示したように、見えているものの中に見えていないものがあるのだが、その発見とは相手がいることでできる。実践を長くしていれば、いやと言うほどクライアントに出会っているかもしれないが、どこまで行っても相手のことがすべてわかるという出会いはない。だから、私たちは対人援助の仕事を続けているのだろうし、そのことに魅力を感じてしまったら、もう止めることはできなくなる。

おわりに

当初は連載から時間の経った小論を本として発刊することに少し抵抗はあったが、改めてすべての原稿を読み直していくことで、自分の中に伝えておきたいことが明確に浮かび上がった。その想いから一冊の本にまとめ、発刊できることを大変嬉しく思っている。

はじめにでも触れたように、縁があって本書は出来上がった。社会医療ニュースへの連載は当時、日本ＩＰＲ研究会代表であった北林才知さんの勧めと社会医療研究所所長の岡田玲一郎先生とのご縁で始まったのだが、二〇〇五年九月から二〇一二年十二月まで一度も休むことなく続けることができた。お二人には心より感謝を申し上げたい。連載回数とすると八十八回で、ちょうど末広がりの終了となった。残念なのは、連載終了の直後に北林さんが亡くなられたことだ。亡くなられる直前の日本ＩＰＲ研究会の例会に私は久しぶりに出席したのだが、そこでお会いしたのが最後となった。

続いて、学文社の田中千津子社長とのご縁である。前作のときに、先輩の足立叡先生（現：淑徳大学学長）から田中社長を紹介いただき、同社から発刊させていただいた。今回は、足立先生の古稀のお祝いの本の出版の打ち合わせをしているときに、「そろそろ改訂版を出されたらどうですか」と田中社長から声をかけていただき発刊することができた。こうした機会を続けて作ってくださり、本当に感謝している。

関係からの発想は、私が学問を始めたときから基本にあるものであり、常に原点になっている。したがって、研究や教育のこととしてだけでなく、まさしく私の生きざまを表わしている。先のご縁も関係そのものであるが、お世話になった人たちに応えるためにも、この本の作成のなかで明らかになったテーマ、「見えないものを見えるようになる」への取り組みを今後も続けていきたい。

二〇一五年五月

著者しるす

佐《さ》藤《とう》俊《しゅん》一《いち》

〈略　歴〉

一九五二年　静岡県三ヶ日町（現：浜松市）生まれ

一九七七年　立教大学大学院社会学研究科修士課程修了

現　　在　淑徳大学総合福祉学部社会福祉学科　教授

〈主要著書〉

『ケアへの出発―援助のなかで自分が見える』（共著）医学書院、一九九四年

『対人援助グループからの発見―「与える」から「受けとめる」力の援助へ』中央法規出版、二〇〇一年

『対人援助の臨床福祉学―「臨床への学」から「臨床からの学」へ』中央法規出版、二〇〇四年

『ケアの原点―愛する・信頼することへの挑戦』学文社、二〇〇八年

『新・医療福祉学概論―利用者主体の保健医療サービスをめざして』（共編著）川島書店　二〇一〇年

『ケアを生み出す力―傾聴から対話的関係へ』川島書店、二〇一一年

他に共編著など多数

〈研究教育活動〉

保健医療・福祉分野における対人援助の実践力を身につけるための基礎となる研究に取り組んでいる。また、対人援助専門職への人間関係トレーニングとしてのグループ臨床、ソーシャルワーカーへのスーパービジョン、社会福祉実習などから、援助者や管理者の人にかかわる基本的な態度を明らかにし、専門性を高めるための実践教育と研究を行っている。

ケアの原点 II

二〇一五年八月五日　第一版第一刷発行

著　者　佐藤俊一　◉検印省略

発行所　株式会社　学文社
郵便番号　一五三-〇〇六四
東京都目黒区下目黒三-六-一
電　話　03（三七一五）一五〇一（代）
http://www.gakubunsha.com
振　替　〇〇一三〇-九-九八八四二

発行者　田中千津子

乱丁・落丁の場合は本社でお取替します。印刷所・シナノ印刷㈱
定価はカバー・売上カードに表示。

ISBN978-4-7620-2552-5